15 MIRADAS al DESARROLLO PERSONAL

Rafael Román Molina, Isabel Plà,

Flavia Baldasseroni, Nhora Cárdenas,

María Eugenia de Lara Rangel, Mar Sánchez,

Mariana Teresita Copoború, Linda Monroy,

Rosa Codoñer, Ana María Udina, Emi Negre,

Marti Torres, Nuria García,

Roberto Pizarro, Libia Montoya

Prólogo de Roger Domingo

Editorial Arcopress • Estilo de vida
Edición: Ana Belén Valverde Elices
Diseño de cubierta: Fernando de Miguel

Imprime: Kadmos
ISBN: 978-84-11310-26-0
Depósito Legal: CO-520-2022
Hecho e impreso en España - *Made and printed in Spain*

Muchas gracias de corazón a nuestras familias y amigos que nos han apoyado en nuestro camino y que gracias a ellos hemos crecido como personas y como escritores. Dedicamos estas letras a todos los que se esfuerzan día a día para ser mejores y dar lo mejor de ellos mismos para ayudar a los que tienen a su alrededor.

Recordaremos el año 2022 como aquel en el que se hizo realidad nuestro sueño: conseguir que estés leyendo este libro. Porque la magia se produce en aquellos que sueñan y creen en ella.

15 miradas al desarrollo personal nace dentro de la familia MAPEA gracias al apoyo del editor y mentor de autores Roger Domingo, que nos ha guiado en esta aventura, y que no hubiese empezado sin el liderazgo, visión, perseverancia, imaginación e ingenio del escritor Rafa Román. Gracias a los incansables esfuerzos profesionales de nuestros equipos Beta-redes y la dedicación y pasión de todos los escritores que han elaborado esta obra. Todo bajo la dirección y esfuerzo de nuestra extraordinaria coordinadora, Isabel Plà, que nos ha enseñado a trabajar en equipo. Gracias por tu capacidad de liderazgo y por contagiarnos tu entusiasmo. Y, por supuesto, gracias a la editorial Almuzara, que, a través de su sello Arcopress, ha apostado por nosotros para formar parte de esta colección.

Gracias a la vida y a este proyecto por permitirnos crecer. Y mil gracias a ti, amigo lector, por tenernos en las manos, por dar sentido a nuestro sueño, porque sin lectores no hay escritores. Gracias por dejarnos compartirlo contigo.

Índice

PRÓLOGO

Es una alegría saber que la editorial Arcopress añade un nuevo volumen a la colección *15 miradas* y agradezco de corazón la oportunidad que me brinda de escribir nuevamente unas pocas palabras a modo de prólogo. Tras los ya publicados *15 miradas a la soledad*, *15 miradas al amor* y *15 miradas a la libertad*, llega una nueva entrega en la que se repiten los patrones de las anteriores entregas: 15 personas que comparten con el lector sus reflexiones personales sobre una misma temática y, lejos de emplear un estilo académico o técnico, lo hacen con un tono cercano y ameno, buscando conectar y dialogar con él, es decir, contigo, querido lector.

En el caso de los tres anteriores volúmenes, sus páginas arrojaban luz sobre temas universales: la soledad, el amor y la libertad. El libro que tienes entre manos gira en torno a una temática no menos importante: el desarrollo personal. Se trata, sin lugar a duda, de un tema oportuno, que se vuelve cada vez más presente en nuestras vidas: en un contexto de especial incertidumbre, es fundamental saber mirar hacia dentro y recuperar los pilares que nos sostienen. Y, al tiempo, resulta imprescindible desaprender lo aprendido para dejar sitio a nuevos conocimientos que nos permitan convivir con un mundo siempre cambiante. Lo que hace apenas unos años eran certezas inmutables puede muy bien haber dejado de existir dentro de otros pocos años.

El desarrollo personal es, como su nombre bien indica, personal e intransferible. Por la misma razón que no existen dos personas idénticas, tampoco encontraremos dos procesos de crecimiento personal iguales. No obstante, sí hay algo que se repite en cada uno de nosotros: la búsqueda de algo tan simple y tan complejo como es la felicidad y de las herramientas que nos conducen a ella. Tenemos claro que queremos ser felices, pero no siempre sabemos qué queremos o adónde dirigirnos. Como actores de nuestra propia vida, a menudo perdemos perspectiva y nos sentimos perdidos en medio de emociones, pensamientos y eventualidades. Unamuno lo expresaba en *Niebla* con esta frase imperecedera: «... [esas] penas y [esas] alegrías vienen embozadas en pequeños incidentes. La vida es eso, niebla. La vida es una nebulosa».

Las 15 voces amigas que conocerás a continuación te tenderán una mano en la niebla. Te recordarán que las herramientas para alcanzar el bienestar están en tu interior, porque en todos nosotros habita una fuerza primigenia con la que tomar las riendas de nuestra vida, disipar la niebla y marcar el rumbo hacia las metas que nos hayamos propuesto, sirviéndonos para ello de nuestra brújula interior.

Quien se embarca en la aventura del desarrollo personal sabe que es una tarea para toda la vida y que conviene abordarla desde múltiples ángulos y perspectivas. Es un proceso transversal a todos los aspectos de nuestra vida —relacional, profesional, económico, emocional, físico y mental—.

Así ocurre con los 15 autores de esta obra, cuyo objetivo común es ayudarte en tu camino. Rafael reflexiona sobre el poder del organismo sobre nuestras emociones; Isabel habla sobre el rol fundamental del trabajo en equipo; Flavia propone una metodología para que el artista logre proyectar la energía creativa que vibra en su interior; Nhora nos anima a cambiar nuestro concepto, culturalmente impuesto, del éxito; Mar pone el foco en el autocuidado como base del desarrollo personal, y en la necesidad de vivir con salud, equilibrio y felicidad; María Eugenia nos recuerda el valor del conocimiento de la formación humanista, en especial, si la miramos a través de un prisma ético; Mariana Teresita da protagonismo a las emociones, elemento clave para conectar con nuestro ser; Linda nos recuerda la importancia de vivir en la abundancia en los distintos aspectos de nuestra vida; Rosa nos propone conocer y entender las leyes que rigen el universo, mirando dentro de nosotros; Ana María arroja luz sobre el eneagrama, una potente herramienta para conocernos y entendernos mejor; Emi nos invita a ver el error como una oportunidad para ahondar en nuestro desarrollo personal; Marti comparte su propia búsqueda de la felicidad y el protagonismo de la lectura en su vida; Nuria reflexiona sobre el gran valor de convertirnos en nuestros propios observadores, y desentrañar así nuestros pensamientos; Roberto Pizarro nos habla del desarrollo personal desde la filosofía; y, finalmente, Libia nos sorprende con cómo el dolor físico puede llegar a tener un impacto positivo en nuestro desarrollo personal.

Hacernos mejores a nosotros mismos significa hacer mejor a la sociedad en su conjunto. Esta obra es un claro ejemplo de ello y aporta su grano de arena. Es el resultado de un proceso lleno de creatividad, sin lugar a duda, pero también de valores, motivación, empatía y respeto. Un proyecto construido sobre los pilares esenciales del desarrollo personal, esos en los que apoyarnos cuando nos sintamos perdidos o cuando la niebla haya cubierto momentáneamente nuestra meta y, por consiguiente, nuestro camino.

ROGER DOMINGO
Editor, mentor de autores y
creador del Método MAPEA

RAFAEL ROMÁN

POTENCIA TU SALUD Y POTENCIA TU DESARROLLO Y CRECIMIENTO PERSONAL

«No hay nada en la mente que no haya estado antes en los sentidos».

Aristóteles

Cada uno de nosotros somos únicos y nuestro camino hacia el emprendimiento, la salud y el crecimiento personal también lo es, y dependerá de si lo abordamos desde el cambio, desde la acción. Lo que estés haciendo hoy te acercará a lo que serás mañana. Pero antes, pregúntate: ¿qué quieres ser mañana? ¿Y si te dijese que puedes ser aquello que vivamente deseas e imaginas?

Sin duda, lo que te voy a decir te sorprenderá…

Somos algo más que personas, somos creadores, estamos dotados de inteligencia y de algo muy importante que habitualmente pasa desapercibido, tenemos imaginación para crear. Una de las claves más apasionantes de este capítulo, quizás la clave más apasionante de todas, es que sabrás cómo moldear tu vida y crear tu destino; te ayudaré a hacerlo. Para ello tenemos que empezar por mejorar el interior. Tus células no se ven, pero todas juntas son esa persona que ves todos los días ante el espejo, y lo mejor de todo es que puedes moldearlas a tu antojo para conseguir efectos increíbles en tu salud, en tu vida y en tu emprendimiento personal. ¿Nuestras células moldeadas a nuestro antojo? ¡Más que eso! Nuestras células pueden ser incluso acondicionadas, según el entorno en que se encuentren y la información que les demos. Esto será vital en tu desarrollo y crecimiento personal.

Y te diré de qué forma sencilla lo puedes hacer.

Renovarse o morir

Adaptarnos a un modo de vida cada vez más convulso y complicado se nos hace cuesta arriba, y cuando vamos cumpliendo años, mucho más. Es curioso, pero siempre nos decimos que somos muy mayores para intentar solucionar las cosas o salir de nuestra zona de confort. Es un error. Tenemos para siempre una herramienta vital que nos puede ayudar a mejorar: nuestro cerebro. Este órgano tan importante es moldeable y es precisamente ahí donde se encuentra la cadena de mando. Podemos ayudar a nuestras neuronas (células) a que sean más flexibles, más manejables. A eso se le llama neuroplasticidad, que realmente es la flexibilidad que tiene nuestro cerebro para adaptarse a los cambios a través de redes neuronales. El próximo siglo será determinante en nuevos descubrimientos asociados a una buena salud psicológica, a un excelente crecimiento personal, a una estabilidad mental clara y a poder ser realmente aquello que queremos SER.

Muchas veces en nuestra vida, vemos como el miedo y los errores nos paralizan. Dejamos de soñar y perdemos de vista nuestros objetivos, aquello que dicta nuestro corazón y nos abandonamos. Pero no lo dudes, tú eres hoy exactamente la suma de tus decisiones. Pero no te preocupes, porque si un día abandonaste aquello que dictaba tu corazón, lo bueno es que aún puedes conseguirlo, pues da igual la edad, da igual el sexo, el nivel adquisitivo... todo eso da igual; si realmente quieres algo, aún estás a tiempo de conseguirlo. Con determinación y coraje conseguirás moldear tus neuronas para tu beneficio.

Un estudio reciente realizado en el Centro de Biología Molecular Severo Ochoa de Madrid muestra que el cerebro adulto está dotado de la capacidad de crear nuevas neuronas, a este proceso se le denomina neurogénesis adulta. Cada vez que aprendes algo, las propias neuronas forman redes para comunicarse entre sí y pueden comunicarse una a otra a través de sinapsis. Cuando se practica lo aprendido, cuando se repite algo como un mantra, mejoran esas comunicaciones, mejora el desarrollo de las tareas diarias.

Gracias a ello somos capaces de adaptarnos a las circunstancias y mejoramos las experiencias, tengamos la edad que tengamos.

En el siglo pasado los investigadores pensaban que solo podían modificarse nuestras células neuronales durante los primeros años de vida, pero a partir de la década de los 60 los estudios concluyeron que es posible la plasticidad neuronal también en la edad adulta. Bajo esa premisa trabajan muchos estudiosos hoy en día. Así es posible aplicarlo a diferentes campos, como la educación, el desarrollo personal o la empresa. Y también es aplicable a la salud.

La plasticidad cerebral es la base de los tratamientos para lesiones cerebrales resultantes de traumas e incluso de los trastornos de aprendizaje, dolor, TDAH o dislexia, entre otros. Y también tiene aplicaciones en lo que llamamos «medicina preventiva». Se ha demostrado científicamente que la actividad cerebral influye en los procesos del sistema inmunitario. Y no solo a las órdenes de funcionamiento que el cerebro manda a todos los órganos del cuerpo, sino a las emociones. Las emociones modifican los procesos químicos del cerebro. Pueden reforzar o debilitar nuestras defensas físicas contra la enfermedad. Y es por eso por lo que el «pensamiento positivo» influye directamente en la salud.

¿Podemos entonces «entrenar» a nuestro cerebro para que seamos más saludables y ayude a nuestras emociones? Así es. Para ello, una de las claves para empezar a modelar nuestras emociones y nuestros pensamientos es salir de la zona de confort y transformar así la manera de hacer las cosas. Eso sí, cada uno de nosotros es único y nuestro camino hacia el emprendimiento también lo es. Cambia el entorno y cambiarás tu vida. Acepta que, para que exista un cambio, has de salir de tu zona de confort y realizar aquello que realmente dicta tu corazón al cerebro. Atrévete a salir a crear. Un cuerpo que se mueve, mejora. Una mente activada evoluciona. Con el movimiento y la evolución de la mente, CAMBIAS.

Nuestros pensamientos, nuestros deseos y nuestras sensaciones tallan nuestro cerebro día a día y según sean esos pensamientos, así serás tú. Recuerdo que el filósofo y profesor Eduardo Punset decía que «el cerebro es moldeable», y lo cierto es que la neuroplasticidad contiene muchas de las soluciones a tantísimos interrogantes.

Así lo publicó el Dr. Bruce H. Lipton, biólogo y escritor de numerosos libros de salud (2005, *The Biology of Belief*; 2009, *Spontaneous Evolution*), en un artículo aparecido en la revista *Integral*, en la que dijo lo siguiente: «En 1967, hace 44 años, estaba trabajando con células madre. Algunos piensan que la investigación con células madre es reciente, pero yo ya trabajaba con ellas en los años 60. Fui un pionero porque en esa época había muy poca gente trabajando en ello. Y un experimento que hice en esa época cambió la idea que tenía del mundo. Puse una célula madre en un plato petri y, como cada diez horas se divide en dos, al cabo de dos semanas tenía miles de células, todas idénticas. Luego cogí algunas de ellas, las coloqué en otro plato y cambié el entorno celular (son más como peces, porque viven en un entorno fluido). Cambié la química en ese plato y ahí formaron músculo. Después, cogí otras del primer plato y las puse en un entorno diferente, y se formó hueso, y otras se convirtieron en grasa al volver a cambiar el entorno. Entonces, la pregunta es muy sencilla: ¿qué controla el destino de las células? Todas eran idénticas, lo único que era diferente era el entorno. Cuando cojo células sanas y las colocó en un entorno nocivo, las 19 células enferman y mueren. Si un médico las mirara, diría: "¿Qué medicina hay que darles?". ¡Pero no hace falta ninguna medicina! Les cambias el entorno nocivo, las colocas en uno sano y saludable y las células sanan. Esto demuestra una cosa muy sencilla: el destino de la célula refleja lo que está ocurriendo en el entorno. Cambia el entorno y entonces cambiarás el destino».

El cerebro no solo cambia por el entorno, sino también por los actos y por los pensamientos, es por esto por lo que decimos que el cerebro refleja la vida que hemos llevado, ya que las regiones cerebrales encargadas de la función que más hayamos ejercitado serán mayores que las que no. El profesor Punset confirma en sus trabajos que la neurociencia va a tener mucho que decir en el futuro y, sobre todo, en las escuelas del mañana y en la salud del futuro. Asegura, en sus investigaciones y entrevistas a numerosos científicos mundiales, que solo el hecho de imaginar una situación puede influir significativamente, activando las mismas regiones cerebrales que cuando hacemos de verdad lo imaginado. Quizás, hasta este siglo, estos descubrimientos hayan sido irrelevantes, a pesar de que otros científicos adelantados a su época ya los estudiaban. Sin embargo, estos nuevos estudios científicos nos están diciendo que podemos moldear nuestro destino. Cambiar para mejorar. Si tienes determinación y eres constante, mejorarás tu desarrollo personal y profesional, no lo dudes.

CAMBIOS EN EL PENSAMIENTO, MÁS CONFIANZA, MÁS ÉXITO

La ciencia ya sabe que el cerebro escucha al corazón y también, «curiosamente», a nuestro intestino. Estos tres órganos están comunicados con el cerebro a través de neuronas y las neuronas funcionan mejor con ciertas bacterias intestinales que se comunican por medio de neurotransmisores que funcionan como pequeñas radios. Este entramado funciona al cien por cien cuando se mandan *mensajes positivos*, ¡todo esto es realmente increíble! Y, sobre todo, cuando sabemos que conseguiremos más resultados si las órdenes que damos a nuestro cerebro son positivas. Si te sientes negativo, este entramado no funciona igual; si te sientes positivo todo ese mundo interno funciona en una única y maravillosa sintonía. La forma en que se crean las cosas es primero con el pensamiento positivo de forma intangible y, después, con la acción de forma tangible.

En este punto, vuelve a hacerte estas preguntas: ¿qué piensas en este momento?, ¿quizás algo que te inquieta?, ¿algo que te llena de alegría? Cada emoción que pasa ahora mismo por tu cabeza tiene una influencia positiva o negativa en tu organismo y tiene un impacto seguro en tu sistema inmunitario. Muchos estudios indican que, si se mantiene en el tiempo una depresión, disminuye la actividad defensiva de nuestras células asesinas (*natural killer*), que luchan contra invasores extraños. Así, si estamos mucho tiempo deprimidos, disminuye esta importante defensa interior. Ya lo exponía arriba y es bueno recordarlo de nuevo: nuestro cerebro posee verdaderos mensajeros químicos que actuarán conforme moldeas tus pensamientos. Esos mensajeros llamados neuropéptidos son pequeños receptores inteligentes que comunican nuestras emociones con nuestro organismo. Por lo tanto, podríamos preguntarnos: si cambiamos nuestros pensamientos y hacemos creer a nuestro organismo que estamos sanos, ¿lo estará? Es seguro que será una ayuda enorme en la mejoría. Los neuropéptidos (cadenas de aminoácidos que se localizan en el interior de las neuronas) son un hallazgo reciente y emocionante. Son compuestos internos del cerebro que tienen una similitud con la morfina liberando encefalinas o endorfinas en el cerebro y la médula espinal a modo de asegurarnos placer, salud y claridad de ideas.

Repite: «Soy una persona sana».

Nuestras células están siempre a la espera, a la expectativa de cada pensamiento, de tu actitud o de tus emociones para actuar de una manera o de otra. A todo esto se le denomina condicionamiento o inmunodepresión condicionada. Quiere decir que, si estás triste, deprimido, apático, tu respuesta al sistema inmune va a ser negativa. Sin embargo, si mandas alegría y mensajes de optimismo a tus células, lo más probable es que los neurotransmisores químicos trabajen con mayor efectividad dando órdenes más claras y efectivas. ¿No te parece increíble? ¡Existe un mecanismo de acción y de reacción entre nuestros pensamientos y nuestro sistema celular! La actitud con la que afrontamos el día, en conjunto con el estilo de vida, puede ser determinante para afrontar y manejar muchos de nuestros problemas.

Como comunicador, no deja de sorprenderme todo esto, ya que es el enlace perdido que necesitamos para poder mejorar en la empresa, en la salud, en nuestro día a día y para un mejor desarrollo personal en todos los ámbitos. Son descubrimientos que no deben quedarse en el papel. Todo lo que aquí te expongo es para ti, que deseas tener una valiosa herramienta para cuidar y recuperar tu salud con una perspectiva diferente. Al final de este capítulo te hablaré de cómo conseguirlo. Pero, por favor, acompáñame un poco más en este poderoso texto.

Concepto de flujo

Pelé, exjugador de fútbol, describe así su sensación de estar *en flujo* o *en la zona*: «Es como si tuviera una extraña calma, una clase de euforia. Sentía que podía estar todo el día corriendo sin cansarme y que podría regatear a cualquier jugador del equipo contrario y casi pasar a través de ellos físicamente». A esta forma de encontrarse mental, psíquica y físicamente se le llama también *concepto de flujo,* que se caracteriza por un sentimiento de enfocar la energía, de total implicación con la tarea y de éxito en la realización de la actividad. El Dr. en bioquímica Barry Sears lo explicó muy bien en su libro *La dieta de la zona.* Se refería a *la zona* o *flujo* como un estado de integración de las funciones reflejas conscientes y subconscientes, mejorando la coordinación física y psíquica a través de la forma de alimentarse. No un sitio, sino una forma de *estar* en la plenitud.

El concepto de flujo o *flow* lo definió Mihalvi Csikszentmihalyi en 1975, y dice que es la sensación que se tiene cuando se está completamente implicado en algo. Los aspectos más importantes para conseguir ese estado son: tener confianza, un pensamiento positivo, motivación elevada, visualización diaria positiva, relajación, disfrutar del momento, centrarse en lo que se está haciendo, foco extremo, alimentación adecuada y deporte. Por otro lado, nos alejamos del *flow* cuando no hacemos deporte, no estamos concentrados, también con la autocrítica y cuando las interrupciones en el foco son continuas y, sobre todo, si hay un diálogo negativo interno (del libro de Robert S. Weinberg y Daniel Gould: *Fundamentos de psicología del deporte y el ejercicio físico.* Ariel Psicología. 1969).

Método de flujo

¿Cómo podemos alcanzar este estado? ¿Es posible estar así? Con afirmaciones diarias y visualizaciones, foco extremo, ejercicio y una buena nutrición es posible alcanzar el estado natural del ser humano y mantener fuerte nuestro poderoso sistema inmunitario e intactas todas las operaciones químicas diarias que pueda soportar nuestro organismo.

AFIRMACIONES Y VISUALIZACIONES

IMPLANTACIÓN DE IMAGEN COMO SI HUBIESE SUCEDIDO

TRANSFORMACIÓN NEURONAL

BENEFICIO

Un sistema inmunitario fuerte, un sistema defensivo con todas sus armas y una buena higiene mental serán suficientes para que nuestro organismo se mantenga fuerte, vital y que pueda proporcionarnos una vida larga y llena de energía. Cuando ocurre al revés, si nuestro organismo no dispone de unos fuertes pilares que lo sustenten, debemos entonces acudir a la medicina, con sus poderosos remedios y sus avances técnicos que solucionarán lo perdido; pero, desgraciadamente, muchas veces con un alto coste que, aunque inevitable, es indeseable por todos. La medicina actual es un bien que se ha de administrar cuando es necesario; gracias a ella, la humanidad ha avanzado.

Armonía y máxima precisión

Fíjate bien, ¿quién eres? Escritor, banquero, profesor de escuela, piloto de vuelo, conductora de autobús, ejecutiva, político... No, no solo eres eso, fíjate bien de nuevo, obsérvate, mantén tu foco, ¡eres un grupo de células, neuronas y procesos químicos en perfecta armonía junto a tus pensamientos! ¡Es impresionante!
Quizás has podido alguna vez disfrutar como yo leyendo un cuento a tus hijos, ¡cuánto podemos aprender de ellos sobre la naturaleza humana! La obra de la literatura francesa *El Principito*, obra universal del aviador francés Antoine de Saint-Exupéry, habla de lo impor-

tante que no vemos y somos: «Lo esencial es invisible a los ojos» dice el libro. Todos tus procesos internos, todo lo que es «invisible» para ti, están ocurriendo ahora mismo en tu organismo mientras estás leyendo este libro de 15 miradas diferentes. Nada que conozcas es igual de preciso, ni siquiera el ordenador más potente del mundo o el ingenio más avanzado que exista es igual a tus procesos internos. El ser humano no ha descubierto y diseñado nada aún que se le asemeje, que sea superior al funcionamiento de nuestro organismo. Dentro de nuestras células se producen intercambios químicos precisos y a velocidades inimaginables. Numerosas sustancias son transformadas en pequeñas moléculas que pasan directamente al torrente sanguíneo para ser utilizadas como energía a cada segundo en nuestro cuerpo, ¿te das cuenta ahora? Es increíble, ¿verdad?, maravilloso, nada hay igual y nada funciona igual que tú. Y tenemos una herramienta que puede hacer que funcione al cien por cien, el pensamiento sobre nuestro cuerpo. Por favor, acompáñame un poco más en esta apasionante aventura.

La influencia del pensamiento sobre el cuerpo

Cuando estás comiendo con unos amigos y recibes una mala noticia, automáticamente empiezas a sentirte mal en segundos, nada funciona igual. Sigues siendo el mismo, pero esa noticia ha cambiado tu bioquímica de tal manera que deja de funcionar eficientemente. Tu organismo se prepara para lo peor y reacciona defendiéndose. Por otro lado, ¿recuerdas cuando te enamoraste? Podías volar, en ese momento se libera un torrente de reacciones maravillosas en nuestro organismo. Así, cuando estamos ante algo desagradable es necesario mantener la mente en calma para que el cuerpo permanezca igual, lo cual calma a la mente. Es un círculo que con paciencia podemos aprender a utilizar. Cualquier inquietud desagradable repercute en nuestro organismo desgastándolo y, si este no funciona bien, afecta a nuestra felicidad. Mantener la mente en calma y calmar a nuestro cuerpo depende de encontrar el equilibro. Es cierto que a veces la vida puede ponernos en serios aprietos y puede tratarnos muy mal. Sin embargo, los obstáculos y las lecciones que vamos aprendiendo en nuestro viaje pueden ser utilizados como sujeción para no caer nunca más. Nada es imposible en la vida real, nada está más allá del alcance que nosotros queramos darle; la actitud y la firmeza ante la vida pueden ser la diferencia entre una buena y larga vida o una penosa esclavitud. Tenemos todas las herramientas disponibles en el siglo que nos ha tocado vivir y aún quedan muchas por descubrir, pero si quieres empezar a sentir la verdadera vida, has de aprender a calmar la mente. La determinación, el coraje y la constancia son superiores a cualquier otra cosa. En tus propósitos ¡sé firme, sé constante y verás grandes resultados!

Existen momentos en los que nuestros pensamientos pueden tomar el puente de mando y no dejarnos evolucionar. Todos hemos pasado por ese momento en el que nuestra vida gira como si de un bucle se tratase y caemos en el derrotismo y la ansiedad. No avanzamos. Si por algo nos diferenciamos los humanos de los animales es por el hecho de que podemos coger el control, podemos ser los creadores de nuestras circunstancias y así coger de nuevo las riendas de nuestras vidas. Entrenar la mente para que esto ocurra es cuestión de tiempo. Se aprende al igual que cuando aprendimos a montar en bicicleta. Elegir tu destino y elegir cómo han de ser tus pensamientos solo depende de ti. Elige esta nueva forma de ser y verás grandes progresos en tu vida diaria y en tu salud general.

Te prometí algo para ayudarte en tu crecimiento personal, aquí lo tienes, son afirmaciones poderosas. Si quieres aumentar tu productividad, si quieres tener foco extremo y mejorar tu salud, conseguir que tus células trabajen para ti y por ello mejorar tu desarrollo personal, piensa en tener hábitos y visualizaciones positivas como si hubiesen ocurrido. Practícalas todos los días a primera hora de la mañana en un entorno relajado.

No te preocupes si al principio te cuesta, dale tiempo. Es posible que te sientas idiota al principio, pero date a ti mismo una oportunidad. Sé creativo en tus afirmaciones y hazlas apuntando alto.

Mientras las dices en voz alta mirándote al espejo, visualiza como si ya hubiesen ocurrido, esto último es muy importante. Siente como si ya fuesen una realidad. Escucha tus sentimientos, céntrate en una sola cosa que quieras mejorar, crea un fuerte deseo para alcanzar la meta. Sé realista en cada uno de tus objetivos. Recuerda, nuestros pensamientos crean emociones. Descarta aquellos pensamientos negativos.

Tu mente funciona realmente como una proyección de cine;- como enfoques el dispositivo, aparecerá la película: mejor o peor enfocada. Al igual que nuestra mente, donde pones el foco y de la manera en que lo pones —más negativo o más positivo—, así será tu película. Por eso has de ser consciente: qué tipo de proyección quieres para tu película diaria.

El famoso autor de libros de desarrollo personal y profesional Paul J. Meyer decía: «Aquello que vivamente imaginas, entusiastamente actúas y constantemente creas, inevitablemente sucederá».

Toma estas afirmaciones como ejemplo:

- *Atraigo a mi vida en este momento felicidad y armonía.*
- *Mi salud es ahora mismo muy fuerte y gozo de una vida maravillosa.*
- *Mis ganancias diarias son* (debes poner tu número aquí).
- *Atraigo salud y energía a cada una de mis células.*
- *Yo* (tu nombre) *consigo mis deseos.*
- *Soy atractivo o atractiva.*
- *Hoy voy a generar (x) ventas.*
- *Soy lo que pienso.*
- *Me amo a mí mismo.*
- *Tengo confianza en conseguir mis metas.*
- *Conduzco un* (marca del coche), *el mejor coche del mercado.*
- *Mi pareja* (nombre) *me valora.*
- *Soy una persona vital.*
- *Estoy agradecida con la vida.*

El yogui Paramhansa Yogananda, que nació en Gorakhpur (India), dijo lo siguiente: «Si deseas cambiar tus circunstancias, cambia tus pensamientos. Puesto que eres el único responsable de tus pensamientos, solo tú puedes modificarlos, y ciertamente desearás hacerlo cuando comprendas que cada pensamiento se crea de acuerdo con su propia naturaleza. Recuerda que esta ley opera constantemente, y que lo que siempre estás manifestando concuerda con la clase de pensamientos que habitualmente abrigas. Así pues, comienza a tener desde ahora solo pensamientos que te aporten salud y felicidad».

Por último, querido lector, querida lectora, decirte que recuerdo un cuento tibetano en el que el discípulo le decía al maestro:

«Maestro, ¿cómo es que siempre está feliz, contento y satisfecho?». Y el maestro le respondió: «Querido aprendiz, la solución es simple: cada mañana, cuando me despierto, me pregunto: "¿Qué escojo hoy, alegría o tristeza?", y siempre escojo alegría».

Escoge estar bien, ya que hay evidencias y estudios científicos que indican que aquellas personas positivas con hábitos y afirmaciones saludables tienen más posibilidades de ser felices. Dedicado a mis hijos Iván, Álvaro, Saray y mi preciosa nieta Izaro.

RAFAEL ROMÁN

@RafaRomantuit

Nació en 1965 en Valdepeñas, tierra del Quijote, año en el que se hizo una edición especial del Quijote ilustrada por Salvador Dalí.

En la revista *Moto Viva* entrevistó a numerosos pilotos de élite como Jorge Lorenzo y Dani Pedrosa. Articulista en la revista *Vida Natural*, bajo la dirección de Ruth Alday ha entrevistado a deportistas de élite y personalidades del desarrollo personal como Serge Ibaka, Teresa Perales, David Meca, Saúl Craviotto, Edurne Pasaban, Igor Antón y Elsa Punset, entre otros. Trabaja en un laboratorio en Cantabria como delegado médico y asesor técnico. Ponente habitual en conferencias de los sectores: medicina natural, nutrición, PNL y desarrollo personal. Es autor del libro de éxito en ventas: *Recupera el mando de tu organismo: 12 claves para un cambio interior*. Actualmente está trabajando en su primera novela de desarrollo personal y autoayuda.

ISABEL PLÀ

DEL DESARROLLO PERSONAL AL TRABAJO EN EQUIPO

De una forma u otra mi desarrollo personal siempre ha ido ligado al de otras personas. Si sientes curiosidad, si te pasa lo mismo o simplemente te apetece seguir leyendo, podrás descubrir el porqué. Antes de continuar, voy a recurrir a mi amiga Wikipedia que tanto me ayuda en mi día a día con el objetivo de descubrir su significado real y conocer todos los ámbitos en los que lo podremos aplicar.

Wikipedia afirma: «el **desarrollo personal** incluye actividades que mejoran la conciencia y la identidad, impulsan el desarrollo de las habilidades personales y de los propios potenciales, contribuyen a construir capital humano, facilitan la empleabilidad, mejoran la calidad de vida y contribuyen a la realización de sueños y aspiraciones».

Cuando leo la definición, pienso que es la vida misma: lo que fuimos, lo que somos y lo que queremos ser. No solo nacemos para aprender y para superarnos día a día, sino también para mejorar como personas en todas las áreas de nuestra vida, tanto a nivel personal como profesional. Todo empieza y acaba en uno mismo, somos nuestros propios dueños y podemos elegir dónde y cómo podemos mejorar.

Para empezar a adentrarme en mi desarrollo personal, voy a compartir contigo ocho ideas que la revista *Psicología y Mente* nos propone como ejemplos de actividades de desarrollo personal. Y así, elegir algunas de ellas para poder explicar mi propia experiencia:

1. «IR AL CINE, condicionada a que la película trate un tema de interés que nos pueda provocar un cambio y haga que adoptemos otras perspectivas sobre la vida». La verdad es que yo no soy demasiado cinéfila. Por lo tanto, de momento, paso a la siguiente.

2. «EL HÁBITO DE LA LECTURA abre un universo directo al desarrollo personal. Porque nos hace pensar, aprender, entrenar nuestra mente y fortalece nuestros procesos cognitivos. Leer un buen libro es una de las mejores actividades que tenemos a disposición para el desarrollo personal». Siempre he sido una apasionada de la lectura. Por lo tanto… ¡me lo quedo! Tenemos la primera.

3. «HACER DEPORTE nos ayuda a que nuestro cerebro segregue las conocidas hormonas de la felicidad». Y siendo sinceros, ¿quién no quiere ser feliz? El ejercicio físico nos aporta seguridad y confianza. ¿Quién no conoce las muchas ventajas de hacer deporte? Pues sí, creo que ya lo has adivinado: ¡tenemos la segunda!

4. «REALIZAR ACTIVIDADES AL AIRE LIBRE nos aporta poder estar en contacto con la naturaleza, con el medio ambiente, así como múltiples beneficios». Te debo confesar que mi actividad favorita al aire libre es... ¡tomar el sol! Por lo tanto, aun siendo el cuatro mi número favorito, de momento, te invito a seguir buscando conmigo.

5. «LAS ACTIVIDADES QUE REALICES COMO VOLUNTARIO para una buena causa servirán de combustible para aumentar tus virtudes personales y generar mucha más empatía que te hará sentir muy bien». Respecto a este punto, he de admitir que hago varias colaboraciones y que me aportan una gran satisfacción personal. A veces me pregunto quién ayuda a quién. Por lo tanto, lo dejo para los verdaderos héroes. ¡Vamos a por otra actividad!

6. «VIAJAR te da mucha experiencia: puedes conocer personas de otras culturas, visitar lugares y aprender sus historias. Es una de las actividades de desarrollo personal más estimulantes que nos expone a situaciones a las que no estamos acostumbrados». Y no lo dudo. De hecho, lo comparto. Pero he

viajado tanto a lo largo de los años como consecuencia de mi trabajo que, por ahora, los viajes los dejo para una vez al año en vacaciones y para ir a la playa a tomar el sol. ¿Te suena del punto 4?

7. «EL TRABAJO COMO FORMA DE CRECIMIENTO PERSONAL no tiene por qué ser únicamente una forma de subsistencia económica». Si tienes la suerte de poder trabajar en algo que te guste, no solo estarás en un estado continuo de motivación, sino también en uno lleno de ganas de continuar aprendiendo y seguir creciendo a nivel personal y profesional. ¿Notas la sonrisilla en mi cara? ¡Exacto! ¡Ya está aquí la tercera! ¡Qué nervios! Solo queda una más de las ocho que te citaba al inicio.

8. «APRENDER IDIOMAS es una fuente de motivación que muchas personas llegan a incorporar a sus principales aficiones. Dominarlos supone un proyecto a largo plazo que resulta satisfactorio y que además nos abre las puertas a nuevas formas de ver al mundo y aprender culturas de otros países». Los idiomas siempre han sido mi talón de Aquiles (aunque hablo cuatro, que conste en acta). Y, ¿sabes qué? Ahora estoy aprendiendo uno nuevo. Un idioma que, a diferencia de los otros que he tenido que aprender por «obligación», lo he elegido yo misma. Y, para levantar acta, debo confesar y confieso que... ¡me encanta, me fascina, me motiva! Y ese idioma maravilloso es la ESCRITURA: number four.

La lista queda cerrada y vista para sentencia. Tal y como te había comentado, mi número favorito es el cuatro. Así que por eso me quedo justo con estas cuatro actividades. Por una parte, porque han sido fundamentales en mi desarrollo personal. Y por otra, por ser las causantes de ver satisfechas muchas de mis necesidades vitales. Hablando de necesidades, ¿pensabas que me había olvidado de Maslow y de su Pirámide? ¡Por supuesto que no! Sería imposible dejar de lado su teoría de desarrollo personal. Ya que, además de ser la primera, es una de las más completas.

Maslow (1908-1970) sugería lo siguiente: «Todos los individuos tienen incorporada la necesidad de desarrollo personal, que se produce a través del proceso de autorrealización, y que la capacidad de desarrollo de las personas depende de la satisfacción de determinadas necesidades jerarquizadas».

Me gustaría repasar brevemente contigo las cinco fases de la Pirámide de Maslow. Por si acaso aún no las conoces o para refrescarte un poco la memoria ya que nunca está de más y así consta en acta.

Basándome en su teoría y en sus fases, te explicaré las necesidades que he cubierto gracias a las cuatro actividades que han formado parte de mi desarrollo personal. Pero, eso sí, dando por hecho que la primera ya la tengo cubierta (pero bueno, no quiero hacer *spoiler*). ¡Vamos a por ello! Son las siguientes:

- NECESIDADES BÁSICAS O FISIOLÓGICAS (BIOLÓGICAS): son las necesarias para la supervivencia. Entre ellas, la más básica sería la «supervivencia física»: respirar, vestirse, alimentarse, descansar y el sexo. Aquí tenemos las necesidades a las que me refería con el *spoiler*, pues eso, que las tengo TODAS cubiertas, ya sabes a lo que me refiero ¿no?

- NECESIDADES DE SEGURIDAD: son todos aquellos aspectos que nos hacen sentir seguros para mantener un orden y una seguridad en la vida. Y también para poder vivir sin miedo. Serían la salud, el trabajo y la vivienda.

- NECESIDADES SOCIALES (O DE AFILIACIÓN): son aquellas que implican sentimientos de pertenencia tales como la amistad, la pareja, la familia o el formar parte de un grupo. Recibir y dar afecto también entrarían dentro de esta clasificación.

- NECESIDADES DE ESTIMA O RECONOCIMIENTO: son aquellas relacionadas con la confianza, la reputación y la autoestima. Podríamos añadir: la independencia, la seguridad en uno mismo, la dignidad y el logro. También la reputación o el respeto, que preceden a la autoestima y a la dignidad.

- NECESIDADES DE AUTORREALIZACIÓN: el ser humano busca su crecimiento personal y desarrollar todo su potencial para lograr su éxito. Son personas autorrealizadas aquellas que son conscientes de sí mismas y se preocupan por las opiniones de los demás.

Pirámide de Maslow

Autorrealización

Necesidades de estima

Necesidades sociales

Seguridad

Necesidades básicas

Misión cumplida: refrescadas y «coloreadas», ¡vamos a por las cuatro actividades que han contribuido a mi desarrollo personal! En realidad, es a lo que hemos venido y, además, tengo la suerte de que para mí son algunas de mis grandes pasiones.

Pasión 1. Lectura y familia

Sin lugar a duda, la pasión que me inculcaron desde niña por la lectura ha sido determinante para ser quien soy hoy en día y me ha ayudado a crecer personal y profesionalmente. Aumentas tu vocabulario, creces culturalmente y aprendes sobre áreas que hasta ahora desconocías. Leer es un aprendizaje y una mejora continua que ayuda al desarrollo personal de cada uno porque te da armas para enfrentarte a la vida.

Desde que tengo uso de razón, recuerdo mi casa llena de libros y ver numerosos ejemplares en distintas partes de la casa con un punto de libro (alguien lo estaba leyendo). Acuden a mi mente imágenes de cuando nos íbamos de vacaciones. El equipaje de mi padre era una pequeña bolsa de deporte y un montón de libros.

Aprendí a leer a una temprana edad y por ese motivo, ya desde muy pequeña, pude empezar a compartir esas lecturas con mis padres y hermana. Tengo que reconocer que era la parte más divertida: cuando nos contábamos de qué iba nuestro libro y compartíamos nuestro tiempo en familia.

El mejor día del mes era el que nos reuníamos la familia con la hoja del Círculo de Lectores para marcar las casillas con los libros que íbamos a pedir. ¡Era como una fiesta!: «Este sí, este no; este me gusta, me lo pido yo». Pasados unos días, cuando llamaban al timbre y era el señor que nos traía los libros, nos poníamos a gritar de emoción de forma inconsciente. Aunque lo mejor de todo era que no se abría la caja hasta que no estábamos los cuatro presentes; era como nuestro propio *unboxing* familiar.

Amaba y amo la lectura. Pero con lo que más disfrutaba era con ese intercambio de libros, de ideas, de preguntas, de sabiduría... Éramos nuestro club de lectura privado. Aprendíamos y leíamos en grupo, formábamos un equipo con una pasión común: la lectura. Si lo que haces beneficia a más personas, no te lo pienses: **¡HAZLO!**

De esta manera, puedo afirmar que gracias a esta pasión colectiva por la lectura quedaron satisfechas, primero, la fase de **seguridad**: porque me sentía en casa, con mi familia. Segundo, la de **afiliación**: porque pertenecía a un equipo, el de mi familia (no podía tener más ni mejor afecto). Tercero, la de **reconocimiento**: porque me subía la autoestima y me sentía respetada ¡y qué decir de la **autorrealización**! Había llegado a la meta: alcancé mi éxito cuando todo lo que descubría servía al resto de mi familia. Pues todos ganábamos cuando compartíamos lo que habíamos leído y aprendido.

Pasión 2. Superación personal y deporte de equipo

El deporte siempre ha estado presente en mi vida. Es salud, diversión, disciplina, compromiso, competitividad y sacrificio.

Con ocho años me inicié en el mundo del deporte de equipo. Empecé jugando a vóley, pero el azar hizo que un día faltase una jugadora para poder jugar un partido de básquet y... ¡Dioooooossss! ¡Eso era lo mío!, correr para arriba y para abajo, el contacto con otras personas, tropezar, caer al suelo, etc. Que nadie se ofenda, me encanta el vóley, pero con ocho años era muy complicado poder dar más de dos toques seguidos. Y por ese motivo me parecía aburrido. Y me quedé con el básquet. Y, sí, jugaba en la posición de base (lo digo por lo de mi 1,60 de altura). ¿Estás sonriendo?, ¡genial!, es lo que pretendía.

Los primeros años anotaba muchos puntos. Era una de las mejores y me encantaba, siempre llegaba 15 minutos antes y, mientras las demás merendaban, yo practicaba tiros libres. Nada es gratis en la vida; por mucho talento que tengas, lo debes trabajar. Disfrutaba, pero todavía no había experimentado realmente lo que era jugar en equipo. Un día, el entrenador me dijo que me querían hacer una prueba en un partido con la selección catalana. ¡Madre mía! ¡Me veía llevando la antorcha olímpica en los Juegos Olímpicos!

Recordaré ese día toda mi vida: cuando llegué y vi cómo jugaban las demás solo pensaba en irme. Fue una «leche» de realidad, parecía que mi reinado iba a acabar. Pero, querido lector, aquí «el metro 60» hizo los diez mejores minutos de su vida ¡y llegó el momento de tener que tomar unas de las decisiones más importantes hasta ese momento!: ser de las mejores en un equipo de colegio o del montón en un equipo de primera. Pues fue la segunda. ¿Quién dijo miedo? Entonces empezaron los días de sentir el deporte de verdad, de felicitar a las compañeras y de mis largos minutos en el banquillo (hasta ese momento solo lo había usado para dejar el chándal). Pero aprendí a alegrarme por los éxitos de los demás y fue uno de los mejores aprendizajes de mi carrera. Pasado un tiempo, y con la certeza de que ni alzaría la antorcha olímpica ni me dedicaría de forma profesional, la vida me llevó a un equipo de la liga catalana, el Josep Tous.

Fueron mis mejores años como jugadora. Además de divertirnos, ganábamos. Excelente combinación. Al principio no conocía a nadie y mi objetivo era ser titular, ¡capitana!, ¡marcar muchos puntos!, ¡triunfar en cada partido! Era un reto de superación, de desarrollo personal. Porque mejoraba, pero poco a poco. Al conocernos un poco más con el resto de jugadoras, mi mentalidad fue cambiando. Creo que la de las demás también. Disfrutaba con cada punto, con cada victoria, aunque no hubiese sido yo la protagonista. Fueron años inolvidables de trabajo en equipo, de compromiso, de superación y de felicidad. Fue una época de maduración. Además, mi padre era el delegado del equipo y tenía la suerte de que mis padres venían a todos los partidos ¡y me encantaba! Aprendí de ellos que lo importante era el equipo por encima de todo. No os voy a engañar, disfrutaban cuando su hija lo hacía muy bien, pero jamás (y recalco jamás) escuché de ninguno ese rollo de los padres de:

«Tendrías que haber jugado más», «Fulanito ha jugado tan mal que os ha hecho perder», «Hija, eres la mejor» (sé de buena tinta que esas frases se dicen; porque he sido durante muchos años entrenadora de básquet y son afirmaciones que he oído en repetidas ocasiones de los padres).

Fue una de las etapas que influyeron de forma positiva en lo que soy hoy como persona y en mi propio crecimiento y desarrollo personal. ¡Qué chulos eran los abrazos cuando ganábamos en el último minuto! Nos divertíamos hasta en los entrenamientos y durante alguna que otra cenita. Era esfuerzo y diversión a la vez.

Pero la vida pasa y algunas tuvimos que dejar el equipo por motivos diferentes: embarazos, trabajo, lesiones... Y fuimos perdiendo el contacto y cogiendo caminos diferentes. Aunque, a fecha de hoy, varias siguen siendo, treinta años después, algunas de mis mejores amigas. Unos años más tarde, falleció mi padre de forma repentina e inesperada. Y cuál fue mi sorpresa que en el tanatorio aparecieron TODAS. Fue emocionante no solo para mí, sino también para mi madre; ya que las había visto semana tras semana durante muchos años. ¡Algunas de ellas incluso me dijeron que habían venido por mi padre y no por mí! ¡Qué majas ellas!, esto es un equipo, señores y señoras. Quien te apoya no solo en los buenos momentos, sino también en los malos ¡y en los que necesitas a los tuyos a tu lado!. Ellas nunca fallan.

No quiero dejar de nombrar a otro equipo que ha sido muy importante en mi vida, un equipo de madres: las *VORAMARES*, del colegio de mis sobrinos, Carla y Hugo. También fueron unos años inolvidables. Y lo siguen siendo, pues allí continúo mi aprendizaje individual y hago lo posible por adaptarme al grupo y hacer equipo.

Con la práctica de este deporte queda satisfecha la fase de **seguridad**; porque éramos como familia. Y qué decir de la de **afiliación**: por pertenecer a un grupo, a un equipo en el que recibía mucho afecto fruto también de la amistad que habíamos cosechado. Y cómo no, la de **reconocimiento**, porque todos éramos importantes, nos respetábamos. Y no podría faltar la de **autorrealización**; ya que habíamos llegado a lo más alto como jugadoras y como deportistas, en realidad, lo dábamos todo. Cuando practicas un deporte, no hay nada más bonito que ganar jugando limpio, bien y divirtiéndote, ¡no se puede pedir más!

Pasión 3. Profesión y equipos

Siempre quise trabajar en Recursos Humanos, ¡pero no como los que solo despiden y contratan!, sino como los que trabajan para y por el desarrollo de las personas; como los que transmiten valores y fomentan el trabajo en equipo.

Este departamento ha evolucionado mucho a lo largo de los años; aunque queda mucho camino por recorrer. Es una sección que ha tenido diferentes nombres a lo largo de los años y sigue siendo el gran desconocido. Es como el cajón de sastre en el que todo cabe. Por eso, voy a aprovechar la oportunidad que se me brinda para ponerlo en valor y explicar lo que es y lo que ha significado para mí trabajar en esta área.

No es un departamento como tal, ES UN TODO. Lo forman las personas, el mejor valor que puede tener una compañía; es decir, lo que nos lleva al éxito o al fracaso. Los que integramos Recursos Humanos trabajamos con y para las personas. O, por lo menos, así debería ser.

Quisiera matizar que mis inicios fueron en un departamento de personal. Por cierto, ¿cómo crees que se dice en básquet cuando haces una falta a alguien? Exacto, que te he oído: «falta personal». Y por no mencionar lo que he escuchado mil veces en las empresas cuando no hay más candidatos: «¡Socorro, falta de personal!». Perdona, es que me emociono, pero ya vuelvo al tema.

Pasados unos años empiezo a trabajar como responsable de RRHH en una de las tres zonas de la compañía. Las personas adoraban la empresa, estaban supermotivadas. Por ejemplo, me acuerdo de que incluso un compañero me dijo «Me quiero jubilar aquí». Pensé: «Jolín, pero si solo tiene 28 años». Otro me dijo: «Soy naranja» (resulta que el logo de la empresa era de ese color). Y deduje: «O esto es una secta o trabajo en EuroDisney». Era alucinante el orgullo de pertenencia que tenía todo el mundo a la empresa (estamos hablando de una multinacional de 1000 personas, no de un grupo de 5 amigos).

Con el tiempo, me voy dando cuenta de que los tres responsables de las tres zonas diferentes no competíamos, sino que nos ayudábamos. Nos complementábamos, cada uno teníamos nuestros puntos fuertes que compartíamos con los demás sin esperar nada a cambio.

¡Menudo equipazo hacíamos! Éramos el departamento más valorado de la compañía. Y eso que, por desgracia, vivimos la crisis de la construcción y tuvimos que tomar muchas decisiones impopulares. Como he dicho, éramos un equipo con un líder indiscutible que fomentaba toda esa colaboración y generosidad; que nos hacía trabajar con un objetivo común: mejorar la empresa. Por todo esto amé todavía más si cabe mi profesión.

He intentado en todos mis años como *manager* y con equipos numerosos a mi cargo aplicar el trabajo colaborativo, ser transparente, felicitar y corregir cuando ha sido necesario, intentar que los equipos crezcan y que sean más profesionales en sus áreas de responsabilidad. Es un orgullo formar parte de un equipo y alegrarse del éxito de los demás como si fuera el tuyo propio.

Con mi trabajo ha quedado satisfecha mi necesidad de **seguridad:** porque me ha aportado una vivienda que he podido obtener gracias a mi sueldo y esfuerzo. También mi necesidad de **afiliación** por pertenecer a un grupo de trabajo con un objetivo común: ese orgullo de pertenencia tan demandado por las empresas que yo he tenido la suerte de sentir. No podría faltar la fase de **reconocimiento** tan deseada por todos los que trabajamos. Y no solo por recibir *feedback* de las cosas mal hechas, sino porque me he sentido reconocida en mi trabajo en muchas ocasiones. He tenido la suerte de tener buenas jefas y jefes que han confiado en mí y me han respetado. Además, he tenido la suerte de saborear la **autorrealización**, ya que dentro de mi profesión he alcanzado la meta que me había propuesto. Porque he podido desarrollar todo mi potencial para alcanzar el éxito gracias a los equipos con los que he trabajado.

Pasión 4. Escritura, escritura colaborativa

Si habéis llegado hasta aquí, ya conocéis mi pasión por la lectura. Y ahora vais a descubrir que me pasa exactamente lo mismo con la escritura. Tras años de coquetear con ella, siempre relacionada con mi profesión, decidí regalarme tiempo para escribir y publicar un libro. Como parte de mi aprendizaje, decido apuntarme a un curso para que me ayude en mi nueva aventura. Mi idea inicial es llevar a cabo dos manuscritos con dos temas muy diferentes. Uno es de empresa, en el que el objetivo es mejorarlas a través de las personas (vaya, mi pasión 3); y el otro es la historia de una persona enferma de Alzheimer, desde que empieza su deterioro cognitivo hasta que deja de ser quien fue. Pero, sobre este no te voy a dar más pistas; cuando salga publicado estaré encantada de dedicártelo (¡toma automotivación!).

Como mi vida, de una manera u otra, siempre ha estado ligada a los equipos, un día surgió la oportunidad de escribir un libro conjunto con 15 autores. El azar decidió que formase parte de ese equipo de trabajo para llevar a buen puerto este proyecto. Nos liamos la manta a la cabeza e incluso dejamos un tiempo aparcados nuestros propios manuscritos para dedicarnos en cuerpo y alma a *15 miradas al desarrollo personal*. Todo con la convicción de que, si trabajábamos como un equipo cohesionado, lograríamos nuestro objetivo. Sabíamos que no iba a ser fácil porque éramos un amplio grupo de escritores de ciudades y de países diferentes, con experiencias diversas en lo que a la escritura se refiere, con opiniones diferentes. Y, por si fuera poco, con la dificultad añadida de que la comunicación era complicada ya que nuestros horarios eran totalmente diferentes. No obstante, era un reto que valía la pena intentar. Y a fecha de hoy puedo decir que estoy orgullosa del equipo que hemos creado. Cada uno ha cogido el rol que era mejor para el grupo, dejando de lado los egos y las envidias. Hemos trabajado con respeto, humildad y, sobre todo, con ganas, ¡muchas ganas! Y ¡*voilà*!, lo conseguimos. Aquí tienes a nuestro «bebé».

Ha sido un gran aprendizaje y me ha permitido desarrollar una parte de creatividad que nunca había pensado que pudiese tener. Me ha ayudado a crecer como persona y escritora, por lo que formará parte de mi desarrollo personal. Ha sido un reto increíble que me ha colmado de felicidad. Estoy convencida de que, gracias a este libro, los siguientes que escriba serán mejores. Gracias a todo el equipo, al grupo beta y, en especial, a Rafa Román por dejarme estar a su lado en esta aventura que jamás olvidaré y que seguro que es la primera de muchas.

En esta fase, la necesidad de **seguridad** la he podido satisfacer gracias al apoyo y a la ayuda de mis compañeros; que me han arropado a unos límites que no creo ni que ellos sean conscientes. Pertenecer a un grupo de trabajo cohesionado ha satisfecho plenamente mi necesidad de **afiliación**, ya que he dado y recibido en proporciones óptimas. La fase de **reconocimiento** ha sido BRUTAL, a cada paso dado ha habido una felicitación de corazón en grado superlativo. Y, por supuesto, la **autorrealización**. En realidad, no tengo nada que añadir, ya que estás leyendo hasta aquí. El sueño, la meta de la publicación, ha sido una realidad. Estoy segura de que mis padres estarían orgullosos de mí por ser una de las 15 autoras de la publicación de este libro. Y por eso no puedo estar más satisfecha de lo que ya lo estoy. He alcanzado mi meta, mi éxito, mi felicidad.

Estas han sido, son y serán algunas de las pasiones más importantes de mi vida. Las que me han llevado a ser lo que soy. A querer seguir mejorando como persona. Y a adorar el trabajo en equipo para poner mi granito de arena en el propio desarrollo de las demás personas de mi entorno.

Este capítulo no tendría sentido si no hiciera referencia a lo que observó a lo largo de la historia Charles Darwin respecto al Trabajo en equipo: «A lo largo de la historia han prevalecido los que han aprendido a colaborar e improvisar con mayor eficacia. Para ayudar a su equipo a evolucionar y prosperar, aprenda a conseguir que los miembros de su equipo trabajen en colaboración, intercambien ideas, compartan conocimientos, se apoyen mutuamente y se unan en torno a objetivos comunes».

Para finalizar, me gustaría que te quedases con estas frases que resumen lo expuesto anteriormente y estoy segura de que te pueden servir de ayuda en tu propia búsqueda.

«Del yo al nosotros».

«Si trabajas en equipo, el beneficio que obtengas será mucho mayor».

«Tu éxito no tiene por qué ser el fracaso de los demás».

ISABEL PLÀ
@isabelplagonzalez

Nacida en Barcelona en 1972, año que fue proclamado por las Naciones Unidas, y hecho efectivo por la UNESCO, el **Año Internacional del Libro**. Licenciada en Psicología y con un MBA que le proporciona un conocimiento global de las organizaciones. Posee más de 20 años de carrera en el área de Recursos Humanos, los últimos ocupando posiciones de Dirección.

Se certifica como *coach* como complemento a su desarrollo personal y para poder trabajar mejor con las personas con el objetivo de mejorar sus motivaciones y, por consiguiente, los resultados de las empresas. Tras escribir sobre su área de responsabilidad, ahora movida por su pasión por la lectura que le inculcaron desde pequeña, se decide a trabajar a fondo en sus escritos con la finalidad de publicar su primer libro en solitario y cumplir uno de sus sueños.

FLAVIA BALDASSERONI

LOS SIETE PASOS PARA CONVERTIRTE EN UN ARTISTA INOLVIDABLE

Los *artistas* somos una categoría de personas muy especiales.

En primer lugar, estamos muy centrados en nuestra inspiración y en la energía creativa que vamos moviendo a nuestro agrado para poder sacar lo que sentimos dentro. A menudo, vivimos como una necesidad expresar nuestro Arte, tanto que llegamos a enfermarnos si esto no se nos hace posible. Estamos más en el «qué» vamos a expresar y nos desenfocamos de una parte fundamental que es «cómo» llevarlo a nuestro público y «por qué» queremos que le llegue.

En resumen, lo que le falta a la mayoría es un método. A lo largo de mi experiencia personal en el campo artístico he tenido la manera de poder eviscerar los puntos fundamentales a fortalecer por parte del *artista* para poderse volver inolvidable y los he reunido en el Método IMPACTA, del cual te voy a hablar detenidamente en este capítulo, enfocándome en cada uno de los siete aspectos que lo componen: identidad, mentalidad, propósito, aprendizaje, comunidad, táctica y acción.

Identidad

El primer paso para poder vivir con consciencia el propio ser artista es reconocerlo.

De nada sirve querer algo sin realmente creérselo. De ahí, nace la necesidad de entender por qué nuestro subconsciente no acepta la idea de que seamos *artistas*.

Puede haber varias motivaciones, pero las principales se pueden encontrar en creencias limitantes y miedos sociales.

¿Cuántas veces has escuchado decir que del Arte no se vive? Esto es un perfecto ejemplo de creencias sociales, por lo general erróneas, que obstaculizan la afirmación por parte de una persona con actitud artística muy desarrollada de su ser *artista*. En una sociedad donde aún parece tener mucha importancia tener un trabajo conformado y posiblemente un sueldo fijo cada mes, la idea de poder vivir del Arte aparece tal vez muy lejana.

Si contamos el hecho de que desde la Antigüedad siempre ha existido la figura del *artista*, el estigma que llevan todos los que se dedican al Arte hoy en día es sin sentido, y el trabajo del *artista* es fundamental en nuestra sociedad, a menudo más que cualquier otro.

¿Te ha pasado alguna vez que alguien dijera que el Arte es demasiado caro, que los *artistas* no trabajan y solo intentan vivir el día a día?

Te voy a contar una cosa que si eres *artista* puede que ya sepas, pero siempre está bien escucharlo desde otro punto de vista.

El trabajo de un *artista* es más complicado y más desgastador que muchos otros, porque lo que le entregamos al mundo es una parte de nosotros, algo íntimo y delicado como puede ser una parte de nuestra alma.

Entonces, parece claro que no tendríamos que esconder lo que somos, ni tampoco avergonzarnos de nosotros mismos por elegir creer en nuestra creatividad y gritar al mundo que somos *artistas*.

Mentalidad

Una vez definimos lo que somos y ya no tenemos miedo a gritarlo al mundo, llega la parte más tortuosa.

Hay que aprender a tener una mentalidad de vehemencia.

De nada sirve tener claro que quieres dedicarte a tu Arte si al primer obstáculo te paras. O aún peor, si este conocimiento se queda dentro de ti y no lo llevas al exterior.

¿Qué es una mentalidad de vehemencia? Tienes que tener claro a dónde quieres llegar, lo que quieres obtener y nada tiene que detenerte para lograr tus metas.

Tienes que dar todo lo que tienes para cumplir tu objetivo, sin eximirte ni a nivel físico y menos a nivel emocional. Todos sabemos que son las emociones las que nos llevan, pero ellas solo nos dan el impulso para empezar un camino; luego llega la disciplina, los hábitos, todo lo que nos permite hacer realidad nuestros sueños.

Ponemos un ejemplo: Juan toma las riendas de su vida después de un evento muy impactante que le ha pasado y decide convertirse en un *artista*. Llevado por las emociones, empieza los primeros pasos en el Mundo del Arte, pero al llegar a un primer desafío y sin tener disciplina, vuelve atrás en su camino y a la vida de siempre.

¿Acaso te ha pasado esto alguna vez en tu vida? Bien, esto pasa por tener una mentalidad de escasez, para creernos que las cosas nos van a llegar fácilmente y que solo necesitamos motivación. Pero esta última viene de las emociones y, ¿qué pasa cuando la emoción baja de intensidad? Perdemos la motivación y, si en ese momento no tenemos una estructura firme y una disciplina inquebrantable, nuestro proyecto se derrumba.

Tener unos hábitos de vehemencia, es decir, esos hábitos que se adquieren para mejorar el rendimiento y optimizar el consumo de las energías, nos ayuda en el momento de fijar una meta y conseguirla.

¿Cuáles son estos hábitos? No es necesario que sean los mismos para todos, porque cada uno es único y tiene su manera de gestionar sus ritmos, pero sí hay unas pautas.

Para empezar, tienen que ser positivos, porque no sirve de nada una prohibición basada en la motivación.

Ejemplo positivo: soy escritor y quiero tener el hábito de escribir cada día al menos unas 500 palabras (siempre fíjate un mínimo indispensable).

De esa base, la disciplina nos lleva a actuar sobre esta afirmación, consiguiendo que la acción se convierta en hábito.

Y debemos tener cuidado, porque es más fácil perder un buen hábito que crearlo.

Propósito

A menudo lo que nos falta a los *artistas* es un propósito, una causa mucho más grande que la simple necesidad de expresar nuestra Arte y que nos lleva a tener más disciplina y consecuentemente a lograr lo que nos hemos propuesto al principio.

El propósito puede ser de cualquier tipo, pero es cierto que cuanto más global sea este, a más personas podrá ayudar y más empuje dará a la hora de poner en práctica un proyecto artístico. Así que todo puede inspirarte, pero tiene que ser grande y aportar mejoras en las vidas de muchos.

Yo, por ejemplo, hasta hace poco no tenía un propósito definido. Mi objetivo era simplemente poder llegar a vivir de mi Arte, expresarla como me gustaba y ahí se acababa el plan.

Pero sentía que algo faltaba. Algo que no me permitía tomar el gran paso y dedicarme a tiempo completo a mi faceta artística. Siempre, desde que tengo recuerdo, he vivido con un profundo sentimiento de querer ayudar a quienes ven afectados sus derechos como seres humanos, fuese eso a cualquier nivel.

Nunca había pensado que mi lado creativo pudiera servirme a la hora de ayudar a los demás a salir de situaciones difíciles; así, cuando por fin conecté las dos partes, encontré mi Propósito.

La gran misión que tengo en la vida: ayudar, a través de mi Arte, la sensibilización sobre colectivos minoritarios. Pero sobre todo ayudar a más *artistas* como yo a encontrar su camino en el mundo dándoles a su vez un propósito: el mismo que tengo yo. Por eso, estoy en fase de recaudar fondos para abrir la Fundación InclusivArte, que se ocupará de difundir los principios del Método IMPACTA, de apoyar a *artistas* en su proceso de crecimiento y liberación, de promover las prácticas artísticas en los más pequeños y seguir sensibilizando sobre temas de actualidad y sobre las desigualdades sufridas por los pertenecientes a colectivos minoritarios, como pueden ser *artistas*, espectro LGBT+, enfermos mentales o acosados, que sufrieron *bullying* por ser ellos mismos.

Como puedes ver, este Propósito que te propongas tiene que ser gigante, porque a medida que creces en tu desarrollo personal, este propósito crecerá contigo y te acompañará a través de los momentos oscuros actuando como una linterna que te enseña el camino a recorrer.

Será la propulsión para tu disciplina, lo que hará que tus hábitos sean constantes y los vayas implementando a medida que se evoluciona el estado de tu gran visión.

Recuerda que los grandes movimientos llegan de grandes sueños, pero se forjan con mucho esfuerzo y aún mayor determinación.

Y esto es lo que necesitas ahora: un propósito, que sea el tuyo o de alguien más, pero con el que te identifiques 100 %, porque tienes que estar dispuesto a darlo todo para lograr este objetivo, para hacerle ver la luz a tu Arte y que tenga su «porqué».

Aprendizaje

Muchos creen que el Arte no necesita enseñanza; tienes un don y ya está. Pero ¿qué pasa si no desarrollas tu don y lo dejas en un cajón durante años?

Que este don se estropea y ya no es el mismo que antes. Es igual a lo que pasa con una caja de chocolatinas. La dejas guardada para cuando llegue el momento adecuado para comerla y un día te das cuenta de que ya no se puede comer porque esperaste demasiado tiempo.

Bueno, lo mismo pasa con nuestros dones y talentos. Si cantas muy bien pero no ejercitas tu voz, esta se quedará estancada en el punto en el cual se encuentra. Ahora, ¿qué pasaría si a esta misma voz la entrenaras a diario, con ejercicios de vocalización y armonía? Y si además estudiaras lenguaje musical, un instrumento de acompañamiento y cómo estar en un escenario, ¿cómo cambiaría la visión de este talento que tienes?

Sí, porque ya estarías en un constante mecanismo de aprendizaje, mirando a mejorar cada día tu potencial y tu don.

Eso te lleva a tener más seguridad en ti y en tu talento, y consecuentemente a buscar más; siempre irás formándote en alguna otra especificidad del sector. Y esto está muy bien, es lo que se debería buscar a lo largo de toda la vida.

Nunca te creas que has llegado a una meta y que ya no necesitas más. Vete buscando una meta más alta, y después otra y otra. Tu aprendizaje nunca acaba, porque siempre tendrás algo nuevo que aprender que podrás implementar en tu trabajo artístico, también desde el lugar o la persona que menos te lo esperas.

La actitud tiene siempre que ser de apertura hacia lo que de bueno te pueda llegar a través de quien vas conociendo y de las relaciones que tejes con los demás.

Comunidad

Uno de los aspectos más importantes que los *artistas* debemos tener en cuenta a la hora de lanzar nuestro Arte al mundo es cómo esta va a ser recibida por el público. Podemos hacer cosas extraordinarias, tener un propósito envidiable, pero si nadie nos conoce, es que algo estamos haciendo mal.

Ahí es donde entra en juego la creación de una comunidad.

¿Qué quiere decir eso? Una comunidad es como una gran familia alargada que se identifica con tus ideales y lucha contigo, siempre está a tu lado preparada para actuar juntos. Personas calientes a las que solo hace falta una palabra tuya o un gesto para ir a fuego y que te siguen pase lo que pase.

La pregunta que tendrás ahora es: y yo, ¿cómo creo esto?

No te voy a mentir, no va a ser un trabajo fácil, ni de ninguna manera un paseíto.

Seguramente lo primero que hay que trabajar son las redes sociales. Pero hay muchísimas de ellas y ¿cómo elijo yo dónde ponerme y qué hacer?

Bien, llegamos a un punto fundamental.

¿Te has preguntado alguna vez quién es el público objetivo de tu Arte, cuál es tu nicho?

Si ya lo sabes, entonces el trabajo es más simple, porque seguramente sabrás por dónde andan tus posibles seguidores. Si nunca pensaste en eso, párate un momento a reflexionar. Puede que tu Arte sea visual, entonces tus canales principales pueden ser Instagram o Facebook; a lo mejor haces música, cortos o bailas, así que tu comunidad potencial se encuentra en YouTube o TikTok; o puedes escribir ensayos y buscar tu público en el mundo de LinkedIn.

Las plataformas pueden variar también en base a la edad de los seguidores o al tipo de Arte que les entregas.

Pues este es el primer paso: buscar dónde se mueve tu público objetivo. Una vez tengas esto claro, tienes que crear tu Marca Personal.

¿Cómo hacerlo? Mi consejo principal es: sé tú mismo. Nunca finjas en las redes sociales, porque lo que ahora la gente está buscando es autenticidad. Quieren poderse identificar con el personaje que siguen, conectar con lo que le pasa en el día a día. Para eso es esencial que seas verdadero.

Además, tienes que sacar, en las redes, lo que te gusta, tus aficiones y tus luchas.

Puede que por ejemplo seas amante de los animales, entonces escribe de ello en tus perfiles, sube fotos con tus mascotas si tienes. O a lo mejor eres vegano o amante del deporte al aire libre. Todo lo que puede interesar a tus seguidores está ahí, ellos quieren conocer la cara que está detrás del Arte que les propones, quieren saber quién eres de verdad. Y no tengas miedo a exponerte, no te avergüences de lo que eres o de lo que haces. Porque seguramente habrá quien necesite tu Arte y tu labor, independientemente de cómo este es percibido por las reglas de la sociedad.

Te pongo mi ejemplo: yo escribo novelas románticas LGBT+ con tintas eróticas. Al principio, cuando me preguntaban amigos y familiares qué era lo que escribía, contestaba simplemente «novelas románticas». Tenía miedo de lo que pudieran pensar sabiendo que escribía sobre parejas homosexuales, o aún peor, pasar por el estigma del erotismo. Pero de esa forma, intentando esconder lo que podría no gustarle a la gente, en primer lugar menospreciaba mi trabajo, quitándole toda la fuerza de sensibilización social hacia el colectivo LGBT+ y su lucha constante; y seguidamente, perdía la posibilidad de hacer crecer mi audiencia y no era veraz.

Desde que acepté mi legado, mi gran propósito y ahora grito al mundo quién soy y lo que hago, todo va mucho mejor, y quiero que tú también llegues a este punto.

Táctica

Cada estratega necesita una táctica. Más de una, en realidad.

Aquí empezamos a hablar de poner en marcha nuestro maravilloso negocio artístico y hay que diferenciar varios tipos de estrategias.

Empezaré diciendo que la táctica viene antes de la acción, porque una acción sin sentido no tiene la fuerza necesaria para llegar al mundo rugiendo.

Así que el primer paso es establecer el «qué» vas a entregar, «cómo» lo quieres divulgar, «dónde» y «cuándo». El «porqué» ya tendrías que tenerlo claro, porque está en línea con tu propósito.

La primera estrategia a concretar es la estrategia de contenido. Qué contenido vas a crear y para qué.

Entre *artistas* a menudo existe la creencia de que tenemos que dejar que la inspiración nos lleve a través de nuestro trabajo. Pero la mayoría de las veces, si nos dejáramos llevar por la inspiración, que, como la motivación, es algo que viene de las emociones, no llegaríamos ni a hacer un cuarto del trabajo.

Entre entrenamiento, creación y difusión, tenemos que tener claro qué hacer y cuándo, para no perdernos en los momentos en los que estamos desganados o nuestra inspiración se va a dar un paseo. Entonces, la estrategia de contenido toma una importancia fundamental.

Elegir qué crear y cuándo es muy importante para tener una hoja de ruta de nuestro trabajo artístico. Cuando tienes una guía que seguir, el trabajo se hace más leve.

Además, en este guion habrá que añadir la posibilidad de imprevistos y entonces reservar unas horas más para estar seguros de poder acabar con lo que nos hemos propuesto.

La estrategia de divulgación es igualmente importante que la de contenido. Elegir cómo llevar tu Arte al mundo es un paso imprescindible para un artista.

Lo que la gente espera de ti es valor. Tú le das valor, les emocionas y ellos se sienten satisfechos y felices de pagar para volver a disfrutar de la experiencia.

Mi consejo es preparar contenido de mucho valor que divulgar, gratuitamente, en redes sociales, web, blog. Crear la conexión con tu público que después va a estar dispuesto a pagar para obtener más.

Otra táctica muy importante es la gestión del tiempo.

No sé si te pasa, pero yo era una procrastinadora compulsiva. Siempre que podía aplazar algo lo hacía, hasta encontrarme con las fechas límites y tener que hacer el trabajo con prisa. Desde que empecé a utilizar el método de los bloques de tiempo ya eso no me pasa.

Es muy fácil y puedes desarrollar tu propio calendario gratuitamente en el Google Calendar: reservas cada día unas cuantas horas para diferentes actividades y tú sabes que ese es el guion a seguir. Puede ser que no te quedes en esa actividad todo el tiempo que reservaste porque consigues acabar antes o por cualquier otro motivo, pero tienes la seguridad de que ese es un espacio de tiempo seguro, reservado a esa tarea, por lo que eso generará una tranquilidad que se transformará en mayor productividad.

Acción

De todos los pasos para vivir tu Arte y convertirte en un *artista* inolvidable, este es seguramente el más importante.

Si no llevamos todo lo que hemos imaginado y después proyectado a un plano material a través de la acción, nunca obtendremos los resultados que nos hemos prefijado.

Es muy importante actuar de acuerdo con tu propio ser para que lo que crees sea armonioso y afín al resto de tu línea creativa. Esto a menudo significa no precipitarte para acabar con algo, sino tomarte un tiempo para conectar con tu propia creación e infundir en ella parte de tu alma.

Al mismo tiempo, no puedes tomar este como motivo de procrastinación, porque habrá momentos en los cuales nos vendrá muy difícil actuar y hacerlo de manera afín a lo que es nuestra visión general del mundo, pero es ahí donde entra en juego la disciplina de la que hablamos antes.

Ella es la que nos permite seguir actuando y dar una forma a nuestra inspiración.

La acción es el primer peldaño hacia nuestros logros, la manera en que le hacemos entender al universo que estamos comprometidos con nuestras metas y, sobre todo, que lo hacemos de manera activa.

Tienes que empezar desde las microacciones, todas aquellas acciones que, por muy pequeñas que sean, te llevan a cumplir con un propósito. Estas pueden ser de diferentes tipologías.

Ponemos un ejemplo: estás viendo la televisión y te viene una idea para tu nueva pieza. En tu mente dices que cuando se termine el programa que estás viendo ya apuntarás la idea, pero cuando llega el momento, esta se ha desvanecido. Si la hubieras apuntado cuando la pensaste, ahora tendrías material para trabajar y en su lugar te encuentras con que has perdido una idea que podía ser excepcional.

Actuar equivale a poner la semilla para que evolucione todo nuestro trabajo artístico, y es fundamental para llevar nuestro Arte al siguiente nivel y hacer que se convierta en inolvidable.

Podríamos decir que la unión de un propósito, una estrategia y la acción, asistida por una mentalidad de vehemencia y unas bases claras de quiénes somos y lo que queremos, nos lleva a enamorar al público y así a crear una comunidad que nos soporte incondicionalmente, una familia en la que confiar a la hora de dejar salir nuestros verdaderos seres hacia el exterior.

FLAVIA BALDASSERONI
@flaviasmind

Nació en Roma, Italia, en 1986 tras la última aparición del cometa Halley por el cielo. Flavia dedica toda su vida al Arte. A pesar de las muchas creencias limitantes sobre ser artista, empieza sus primeros pasos en el universo literario con la publicación de una novela en capítulos en una plataforma de autores emergentes y con la apertura de dos librerías en su barrio, experimentando dos facetas diferentes del mismo mundo. Tras una crisis existencial, dirige su atención a las artes holísticas empezando a trabajar con las energías y las vibraciones a través de la terapia del sonido. Desde ese punto, el salto para llegar a ser artista de verdad y ayudar a los demás a sacar su lado artístico es breve. Así nace su proyecto más reciente: un movimiento de apoyo a los aspirantes a artistas.

NHORA CÁRDENAS

DESMITIFICACIÓN DEL CONCEPTO DE ÉXITO: UNA REFLEXIÓN CENTRADA EN EL DESARROLLO PERSONAL

Una invitación para analizar y relativizar
el concepto de «éxito personal»

El objetivo de este texto tiene que ver con la necesidad de reconocer que, como personas, somos un todo integral y complejo que va más allá de la marca o impronta que la cultura y la sociedad del momento logran hacer de nosotros. Así mismo, esta reflexión trata de entender cómo la cultura de hoy, permeada por el fenómeno de la globalización, incide en nuestras formas de actuar, tanto en lo individual como en lo colectivo.

Etimológicamente, la palabra *cultura* se define, inicialmente, como «cultivo», aunque hoy la definición se acerca más a «cultivar». La cultura se refiere al legado en el que la mano y el conocimiento del hombre han intervenido para aportar a la humanidad tanto bienes materiales como espirituales. Dicho legado cultural es transmitido de generación en generación con el fin de preservar las formas de hacer, tanto individuales como colectivas. Es importante resaltar que cada cultura proyecta una visión de mundo que se manifiesta en sus religiones, tradiciones, valores, hábitos de vida y en las formas de conocer.

Cada cultura otorga valores y responsabilidades a los sujetos. Y es en este contexto que se quiere establecer que, para el mundo globalizado de hoy, marcado por un alto consumo, el concepto de éxito, tanto en lo social como en lo individual, consigue generar altos niveles de estrés. Y, en algunos casos, percepciones marcadas por el fracaso. Tal vez porque la misma palabra viene cargada de connotaciones de excelencia. La Real Academia Española, en adelante RAE, establece que cuando hablamos del éxito como distintivo de las personas, estamos retomando las acepciones de la lengua en que se define como: conseguir un buen resultado, tener una buena salida o sobre la aceptación que tiene algo o alguien. La reflexión de este texto frente al concepto de éxito, visto desde esa perspectiva, ha sido construida a través de mi experiencia y de lo observado a través de los años.

En un primer apartado se describe y cuestiona sobre la cultura de la globalización como un viaje a la incertidumbre. En un segundo apartado se presentan las formas de expresión de esta cultura en términos de representaciones sociales. En un tercer apartado se describe cómo en estas manifestaciones se insertan estereotipos de vida que inciden en la proyección del éxito de una persona.

Hoy, querido lector, la invitación es para analizar y relativizar el concepto de éxito personal en cada uno de nuestros roles asumidos en sociedad. Como son: el del trabajo, la familia, la pareja, los hijos, la educación y las relaciones, entre otros. Así mismo, la invitación es para que, a la luz de esta pandemia que ha detenido el mundo, terminemos de recuperar nuestra esencia personal y reconsideremos el valor del tiempo, del amor y de la amistad. Y que, en general, antepongamos el bienestar personal sobre el estatus socioeconómico del denominado exitoso.

La cultura de la globalización: un viaje a la incertidumbre

Como el interés de esta reflexión no es hacer un recuento histórico del concepto sobre la cultura y sus diversas manifestaciones, nos centraremos concretamente en la actualidad. Vivimos un momento en el que las fronteras se han difuminado por el denominado proceso de globalización. Sus formas de vida, tanto cultural, social, económica como política, se han extendido al igual que sus límites. Estas formas de vida están marcadas por la tecnología, la comunicación al instante, la competitividad y, sobre todo, la inmediatez, entre otros. La constitución de un espacio común se ha hecho tendencia en este proceso, en el que también se comparten los espacios socioculturales; de ahí el concepto de aldea global.

Esta cultura global nos trajo la pérdida de las certezas. Porque, aunque estamos adaptándonos, asistimos a cambios tan fuertes y profundos que ni siquiera alcanzamos a reflexionar, ya que viene lo siguiente y hay que seguir. No deja de ser interesante cómo esta pérdida de certezas ha difuminado el panorama cultural en general. Como ejemplo, me detengo para contrastar el panorama laboral. En mi caso, vengo de un momento cultural de objetivos claros. Y, sobre todo, ubicables en el tiempo y el espacio.

Los de mi generación fuimos formados en la certeza de que aquel que estudia, se prepara y se comporta dentro de los límites sociales del momento, consigue ubicarse. Así, en el mejor de los casos, podría ingresar en un empleo estatal o privado, en el que se trabajaba hasta lograr la llamada pensión o jubilación de retiro. Si a ello le sumamos la creación de una familia formada desde la misma perspectiva, se podría decir que se había conseguido el **éxito** en nuestra vida. Hoy, como lo analizaremos en los siguientes apartados, cada uno de nuestros roles asumidos en sociedad, como son el del trabajo, familia, pareja, hijos, educación y relaciones, entre otros, se enmarcan en este campo de incertidumbre, característico del mundo global, marcado por el consumo.

Las representaciones sociales en el marco de la globalización cultural

Siguiendo esta línea de reflexión, retomo la RAE en su definición de cultura como conjunto de modos de vida y costumbres, conocimientos y grado de desarrollo artístico, científico e industrial en una época o grupo social. Se resalta que las formas de manifestación de una cultura se realizan a partir de representaciones sociales;

que expresan las formas de conocer e interactuar de dicha cultura. Es importante acercarnos al concepto de representación social, en tanto nos permite visualizar y entender las formas de manifestarse socialmente; esta cultura globalizada está marcada por el consumo, ejemplificada en los siguientes apartados.

Si bien este texto no corresponde a un riguroso estudio académico, es importante contextualizar la noción de representación social, dado que es a partir de ello que se establece la reflexión contextualizada sobre el concepto de éxito. El concepto de representación social surge a finales del siglo xix, en el marco de los estudios sociológicos. Si bien existen diversas posturas y autores, retomo a Durkheim, quien lo destaca como un hecho social y lo define como algo diferente del fenómeno psicológico. Este autor planteó que fruto de esas reflexiones colectivas es que emergen las concepciones religiosas, los mitos y las creencias. En pocas palabras, todo lo común a los individuos de una sociedad.

Sin embargo, como apoyo definitivo para la presente reflexión, retomo al autor Moscovici, quien destaca la importancia de articular las relaciones entre el individuo y la sociedad. Esta postura, interpretada por estudiosos, se puede resumir así: las representaciones sociales son formas de conocimiento que interactúan en la vida de la gente del común, y que se caracteriza por ser de tipo práctico. Así mismo, plantea que es un conocimiento orientado a explicar e interpretar la vida misma en su cotidianidad, y que es a partir de ello que construimos socialmente la realidad.

Si tenemos en cuenta que es a partir de las representaciones que nosotros construimos socialmente nuestra realidad, toma sentido el que nos sintamos exigidos en esta cultura de mercado y consumo global. En busca del éxito, en ocasiones dejamos de vivir. En realidad, cuando buscamos a través del trabajo una mejor posición, la mayoría de las veces se contempla desde lo material más que desde un bienestar personal integral. Desde mi experiencia y observación de amigos y familiares encuentro que, si bien es importante la superación y búsqueda de la excelencia, no debe opacar nuestra riqueza como personas.

Hoy estamos inmersos en una lucha constante, por sobresalir y poder vivir la vida que, según el mercado, nos merecemos. En la búsqueda de este ascenso laboral, hay casos en que desempeñamos uno o varios empleos. En todo caso, entregados a un horario de trabajo que no permite ver crecer a los hijos o envejecer a la pareja; o lo que es peor, no llegar a conocerla. En mi caso, tuve franjas de trabajo desde las 7 de la mañana hasta las 10 de la noche, pude comprarme un piso, y mi imagen y proyección podrían pensarse como exitosas. La anécdota tiene que ver con la sorpresa que me llevé un día en que, por enfermedad, estuve en casa y vi caer la tarde desde mi ventana. No sabía lo bello que era. Cuando lo compré, lo hice por la vista panorámica que me prodigaba, solo que, por estar siempre trabajando, me había perdido los atardeceres. Con el tiempo y mucha reflexión sobre lo que estaba haciendo con mi vida, recuperé mis atardeceres, y la conversación con hijos y amigos al calor de un café.

Hoy nada garantiza que, estudiando un pregrado, especializaciones, másteres o doctorados, podamos estar seguros de obtener un trabajo bien remunerado y para toda la vida. Esas certezas se fueron. Y es en esta incertidumbre en la que se mueven los jóvenes de hoy: el legado ha sido fuerte, es duro ver cómo sus hojas de vida reposan sin lograr un llamado, y ver cómo sus expectativas languidecen.

El mundo ha cambiado, y a nosotros corresponde relativizar el concepto de éxito. Como ejemplo de estas percepciones o imaginarios, a continuación narro la siguiente experiencia. Para realizar esta reflexión, entrevisté a una madre para averiguar por qué, cuando hablaba de algunos de sus hijos, se sentía orgullosa. Me respondió que tenía tres hijos, dos muy exitosos profesionales reconocidos, con carreras en el campo financiero porque habían estudiado fuera del país. De su otro hijo dijo que siempre estaba pendiente de sus padres, que era buen esposo y padre, y que tenía una bonita familia. De los dos profesionales siguió contando que tenían un alto nivel social y una situación económica resuelta para el resto de la vida. Que no habían tenido suerte ninguno de los dos, porque estaban separados y que uno de ellos tenía mala relación con sus hijos.

De la conversación me quedó un mal sabor de boca, en tanto que, para la madre, sus dos hijos eran exitosos y el otro hijo estaba bien, era una buena persona, los cuidaba, era buen esposo y padre, nada más. De exitoso nada.

Como experiencia propia puedo contar que, para mi generación, el éxito de una madre era casar a sus hijos e hijas. Yo puedo decir que muy joven, casi niña, logré este *éxito*. Pasados los años, fui considerando que yo no quería seguir viviendo este tipo de éxito y me separé. Para mi entorno social, esto era un fracaso; para mí fue como pasar *a mejor vida* sin necesidad de morir.

La familia en el marco de las representaciones sociales: un llamado de atención

La cultura, en general, se construye en el marco de una institución, y para este caso, en la familia. Por tradición, es a la familia a quien corresponde cimentar y decantar comportamientos que de alguna manera nos permiten ser parte e intérpretes del espacio simbólico en el cual nos desenvolvemos. Es el lugar inicial de nuestra socialización y también de nuestra normativización. Por ser la familia la unidad representativa y básica de nuestra sociedad, se hace necesario en momentos de crisis general fortalecer su imagen a través de ciertos eventos rituales, que le permiten proyectar rasgos de permanencia y estabilidad. El exteriorizar y emitir estas señales tranquiliza a todos y permite continuar con la puesta en escena semanal: en el caso del paseo de domingo, en las celebraciones institucionales, día de la madre, del padre, de la familia, o vacaciones escolares, entre otros.

Pensando en materializar un ejemplo de cómo se instituyen las representaciones sociales, en el marco de esta cultura, presento como ejemplo la descripción e imagen de un paseo de domingo para una familia en Colombia. La siguiente es la imagen que recibimos o que por tradición proyectan nuestras familias por las diferentes carreteras, parques o sitios de recreo. El paseo dominguero se ha instituido en nuestra cultura como símbolo de unión y entendimiento, para las familias colombianas.

Es apenas natural que se destine el día final de la semana para compartir y disfrutar de un almuerzo, ya sea al aire libre o en algún restaurante fuera de la ciudad. Sin embargo, la mayoría de las ocasiones, el paseo enmascara una mala comunicación y se constituye casi que en una obligación para intentar conservar unida la familia. Hasta que llega el día en que cada uno de los integrantes y observadores cuestiona el sistema de creencias y rompe con el mito del paseo dominguero.

Y es que, cuanto mayor es la crisis, mayor es el afán de proyectar una imagen de unión, y se hace evidente la necesidad de estas manifestaciones rituales familiares. La falta de comunicación es tal vez la mayor causa de crisis familiar. Largas jornadas de trabajo y poca atención por parte de los padres. Finalmente, ello genera estados de incomunicación que ninguno quiere mencionar. Es en estos momentos cuando, de forma casi arbitraria, se planifican y ejecutan salidas familiares o celebraciones de días relevantes. Así entonces, el ruido, el canto y todo el empaque exterior de estas manifestaciones tranquiliza nuestro espíritu familiar hasta una nueva crisis. Posiblemente, llegará el día en que no se logre acallar la gran crisis institucional.

Es importante recordar que las crisis siempre emiten señales de alarma; el problema es que lo silenciamos en pro de la tranquilidad. Un consejo de mi parte es tomar cada situación o momento de nuestras vidas y sopesar cuánto me aporta y cuánto me resta. Si es más lo que me resta, no tiene sentido continuar con ello. Esto puesto en la balanza del trabajo, o en el campo que considere, permitirá recuperar el gusto mismo por la vida. El éxito no está en acallar la crisis. Hay que dejar de pensar en proyectar imágenes que no corresponden a la realidad.

El papel del estereotipo como percepción del éxito personal en una cultura de consumo

Siguiendo la línea de reflexión, corresponde mostrar cómo en las representaciones sociales se insertan los estereotipos. Es importante resaltar su incidencia sobre las percepciones que, sobre nosotros y los demás, tenemos frente al éxito personal. Los estereotipos culturales se definen como constituidos por ideas, prejuicios, actitudes, creencias y opiniones preconcebidas, impuestas por el medio social y cultural. Estos estereotipos se aplican de forma general a todas las personas pertenecientes a una etnia, edad, sexo, orientación sexual, o procedencia, social y geográfica. Ya desde estas definiciones podemos ver el peso tan grande que puede tener un estereotipo en una cultura y sus representaciones sociales.

A través de la cultura globalizada se ha desencadenado el fenómeno de consumo tal vez más alto en la historia del hombre. Se explica así el que no solo la juventud quiera perpetuar estos modos de vida estereotipados, sino que (en general) han sido adoptados en la cultura, tanto desde lo colectivo como desde lo individual.

El nuevo estereotipo de belleza y su incidencia en la percepción del éxito personal

Al igual que con el concepto de éxito, la pregunta es: ¿quién impone los estereotipos de belleza? Al estar en esta cultura globalizada y consumista, los estereotipos son implantados por los medios de comunicación, especialmente por las redes en las que se publicitan modelos de belleza, que atraen a todas las personas con inseguridades sin importar el género. El problema es que la implantación de dicho estereotipo corresponde a una postura desde el mercado.

Hoy los jóvenes se enfrentan y retan para cumplir con los nuevos estereotipos de belleza que los han llevado incluso a sacrificar su salud en aras de llenar estos requisitos. Lo curioso es que la necesidad de cumplir con el estereotipo de belleza no se queda en la franja juvenil. Y por el momento se ha convertido en norma para las diferentes generaciones. También es interesante ver cómo este estereotipo ha homogeneizado los patrones de belleza. Antes se diferenciaban las diversas etnias y culturas: por ejemplo, se podía identificar una belleza europea en general de una latina o de una americana o asiática.

Cada vez nos parecemos más, y estas inversiones para entrar en la moda hacen que los individuos sufran y se estresen porque, además de endeudarse, no priorizan sus verdaderas necesidades. Habrá quien piense que, si no entra en lo establecido por el nuevo canon de belleza, no tendrá éxito social.

El estereotipo de la imagen como elemento de codificación y descodificación de éxito, en nuestra cultura globalizada

El estereotipo que por excelencia marca nuestra sociedad actualmente tiene que ver con el peso que hoy tiene la imagen. El mostrar, hacer evidente o proyectar una imagen de éxito se ha convertido en lo cotidiano. No solo afecta a la juventud, sino que ha calado en la sociedad en general, al igual que el nuevo estereotipo de belleza.

Es de anotar que estas formas de comunicación con culto a la imagen plantean para cada uno de los implicados una gran presión social. Para el caso de una familia, se requiere proyectar una imagen en la que se observe una forma de vida hasta cierto punto opulenta. Es decir, que con independencia del estrato socioeconómico, siempre se intenta vivir un escalafón por encima. Se proyecta una imagen en la que una casa, un auto, una finca o segunda propiedad para el descanso se conviertan en el recurso por excelencia para proyectar una imagen de éxito a través de la vidriera. Altos rangos obtenidos mediante el trabajo de padre y madre. Hijos estudiando en colegios catalogados como importantes, porque la prioridad es conseguir ingresar a instituciones universitarias de alto escalafón, ojalá internacionales.

Para la juventud es estresante sostener esta imagen, porque cuando no consigue alcanzar estos estándares, entra en depresión. En líneas generales, se vive para mostrar, y se sostiene la proyección de la imagen del éxito sin importar si es verdad o no. Lo importante es aparentar, y es por ello por lo que las celebraciones y aniversarios se promocionan y publican. Nos leen y leemos a las personas a través de la imagen que proyectamos. Lo exterior marca, y es por ello por lo que, en ocasiones, se hace lo impensable, con tal de conseguir emitir una imagen de éxito.

Estereotipo de las redes sociales: una intromisión consensuada para la configuración de exitosos en desgracia

Del estereotipo anterior nos quedamos con que la imagen funciona como productora de sentido, y consigue generar diversas interpretaciones. Hoy nos encontramos con el auge de las redes sociales, como medio comunicativo globalizador. Poco a poco, las redes han entrado a formar parte de nuestras vidas y han agilizado tanto las interacciones personales como las de empresa. Es decir, por el momento se presentan como imprescindibles; todo aquel que no está en las redes puede llegar a considerar que no existe para el mundo.

Los jóvenes utilizan las redes como un medio para socializar y compartir intereses y necesidades. Sin embargo, es de anotar que, como proceso globalizador de comunicación marcado por la no presencialidad, ha invadido nuestra cotidianidad. Es por demás interesante la transformación tan grande que ha marcado a nuestras generaciones. En mi época o reinado, lo privado e íntimo así seguía, sin importar las rupturas o sinsabores con los amores, amigos y familia. Primero muerta que confesar controversias familiares, despecho o ira por el triunfo ajeno. No se promocionaba el dolor ante la sociedad. No se mostraba nunca una mala situación, se intentaba llevar las cosas lo mejor posible. Hoy, tal vez por lo intangible de la virtualidad, de forma consensuada se ha llegado a este punto de pérdida de límite. Desde luego que los jóvenes trabajan por su imagen y por tener un sello personal, ¡y vaya que saben hacerlo y en algunos casos llegan a ser reconocidos!

A través de las redes se pueden seguir el estado de ánimo, los logros y desencuentros de cada uno de ellos. En sus estados o historias publicadas cuentan hasta el último detalle de sus vidas. Eso sí... se hace mediante una sugerente imagen. Una bella mujer en un paraje con mirada melancólica. Un joven fuerte con mirada triste en un bar... eso sí... bien decorado. Si todo está bien, una linda sonrisa enviando un beso (siempre con los labios hacia afuera, pronunciados, rojos, lindos). Lo que sí queda claro es que no importa el sufrimiento contado, debe ir con una imagen bella y, de esta manera, los jóvenes y no jóvenes se unen al nuevo estereotipo de belleza, siempre que nos garantice conseguir una imagen acorde con la belleza del momento. No se puede negar el talento de estas generaciones porque consiguen llegar a su público. Son exitosos que comparten sus sentimientos y, cuando sufren, lo muestran.

Ahora, puestos a analizar el anterior proceso, queda claro que, en términos de éxito, no necesariamente se requiere alimentar este estereotipo. Conozco jóvenes y adultos que manejan sus redes, tanto personal como profesionalmente, de forma productiva, sin caer en esta pérdida de límite. Yo misma tengo que ponerme al día en este campo, lo único que tengo claro es que, de todas formas, existo.

Conclusiones

Querido lector, estamos al final del capítulo y quiero presentar algunas consideraciones sobre la relativización del concepto del éxito personal.

En este mundo de consumo, cada quien desea encontrar lo mejor para sí mismo y para su familia y es común entrar en conflictos o sentirnos estresados por no cumplir las expectativas de la cultura. Esta reflexión no intenta cuestionar el deseo natural de cualificar nuestras vidas, tanto en lo económico, profesional, familiar como social. Es bueno vivir bien, tener todo lo necesario y no pasar angustias por falta de dinero, para ello nos formamos y asumimos nuestras responsabilidades. El asunto es no superar nuestra capacidad de adquisición hasta llegar a hipotecar nuestras vidas.

Irónicamente, esta cultura global ha parcelado nuestra realidad. En las ciencias puras se ha conseguido llegar hasta el último nivel de especialización, al igual que en las ciencias humanas. Si hablamos del concepto que nos ocupa hoy, **el éxito personal**, y la problematización que ocasiona en nuestras vidas, descubrimos que en él se encuentra una posible respuesta que tiene que ver con la parcelación misma del concepto: éxito laboral, éxito económico, éxito de familia, éxito de pareja, éxito social y demás éxitos impuestos por la cultura.

El problema es que, en nuestra unicidad como personas, no podemos parcelar nuestras actuaciones, dejando de lado lo más importante —nosotros mismos—, para lograr así aportar a nuestras familias y a la sociedad. La dedicación *per se* a una de estas parcelas del éxito hará que en lo personal se resientan otros campos humanos y afectivos, importantes para sentirnos realmente realizados.

La familia en general, los amigos, el ocio sin prejuicios y el cosmos mismo, reclaman nuestra atención. Cualquier éxito instituido por una cultura de estereotipos puede esperar. Después de todo, ¿qué es el éxito y quién lo determina? No permitamos que la cultura nos cree necesidades. Tenemos que desmitificar el concepto de éxito como producto final de una vida de cara a la vitrina en la que prima el estatus socioeconómico sobre el bienestar personal.

NHORA CÁRDENAS
@lacajadenhora

Nhora Cárdenas nació en Bogotá en el año 1954, el mismo año que se aprueba el derecho al voto para la mujer. Se consolida entonces una posibilidad democrática para la mujer y se incentiva su capacidad de soñar. Se licenció en Lingüística y Literatura, realizó un magíster y doctorado en educación. Docente investigadora en el campo universitario, específicamente a cargo de la formación de los futuros docentes. Su apuesta por la educación está centrada en la Pedagogía de Proyectos, como opción integradora y compleja para llevar al estudiante a gestionar su conocimiento de forma pertinente para su contexto. Cuenta con publicaciones de libros resultado de investigación y artículos en revistas indexadas. Ha incursionado en la pintura e ilustración y se considera una lectora empedernida. Hoy cumple un sueño: poder dedicar tiempo para la escritura de ficción.

BIBLIOGRAFÍA

Durkheim, E. (1985), *Las reglas del método sociológico* (Vol. 86), Ediciones Akal.

Moscovici, S. (1981), Representaciones sociales, *Universidad Complutense de Madrid*.

REAL ACADEMIA ESPAÑOLA: *Diccionario de la lengua española*, 23.ª ed., [versión 23.5 en línea], <https://dle.rae.es> [15/08/2021].

Villarroel, G. E. (2007), Las representaciones sociales: una nueva relación entre el individuo y la sociedad, *Fermentum. Revista Venezolana de Sociología y Antropología*, *17*(49), pp. 434-454.

MARÍA EUGENIA DE LARA RANGEL

LA FORMACIÓN HUMANISTA Y EL DESARROLLO PERSONAL

La importancia de los conceptos

Al reflexionar sobre la formación humanista y el desarrollo personal, lo primero que viene a la mente es la necesidad de definir los términos. Por ello, resulta necesario tomar en cuenta que, al mencionar conceptos de distintas procedencias, tanto en el tiempo, como en la perspectiva cultural, de inmediato surgen ciertas diferencias.

La formación humanista nos remite, en su visión originaria, al Renacimiento en su herencia clásica e individualista. Esta idea, proveniente de un momento destacado en la historia, ubica en primer lugar las ideas antropocéntricas, es decir, se enfoca en las características del ser humano a través de la racionalidad. Por esto hablamos de un fenómeno cultural que deja atrás al mundo medieval y recupera algunos conceptos esenciales de la Antigüedad clásica, como son los parámetros de la belleza, el bien y la bondad.

Mientras que el desarrollo personal como concepto es mucho más reciente. Nos inclina hacia un conocimiento interior o autoconocimiento que busca incrementar y seguir un conjunto de propuestas de superación o mejoramiento en nuestras vidas presentes y actuales. Adquiere una relación positiva con diferentes ámbitos de la vida personal como la alimentación saludable, el ejercicio, el bienestar físico y mental y el aprendizaje al profundizar en las experiencias de la vida. En su mayor parte, el crecimiento individual es resultado de una experiencia personal que se adentra y se explica a través de los logros por medio del esfuerzo, procurando encontrar, en ese trayecto, una enseñanza para la vida.

A través del conocimiento de la formación humanista se logra enriquecer la base y la proyección del desarrollo personal. Sobre todo, si se aborda una perspectiva ética. La historia humana queda entendida como un proceso único que conjunta y une a cada individuo, que lo construye y edifica a través de sus vivencias. Además, se relaciona de manera importante con la toma de decisiones y la voluntad de actuación en un sentido u otro.

Por todo ello, estamos obligados a pensar, en ambos casos, que se trata de modelos de comportamiento, uno más académico basado en las humanidades, mientras el otro es más práctico y directo, y a pesar de ello existe la posibilidad de otorgarles suficiente sustento, aunque el tiempo y algunas perspectivas no sean del todo afines. Además, las decisiones exigen actos de reflexión y voluntad muy personales. Más aún, estamos hablando de un compromiso propio e individual que conlleva seriedad y respeto hacia uno mismo.

En la búsqueda de semejanzas y coherencias encontramos un principio en común encerrado en la máxima socrática «Conócete a ti mismo», propuesta que ya planteaba el filósofo griego Sócrates (470 al 399 a. C.). Partamos de este punto y encontraremos algunos acercamientos. Las palabras de Sócrates, dentro de su sencillez, implican profundidad hacia el fondo de nuestros pensamientos y acciones en aquello que nos resulta tan familiar como nosotros mismos; la reflexión surge entonces, como diríamos actualmente, de la autocrítica.

Para entender otro aspecto básico que proviene de la formación humanista es necesario referirse a la ética y en este punto incide una idea más: el sentido de la justicia. De nuevo, nos acercamos a la afirmación de Sócrates, en el aspecto de la igualdad, como el nuevo significado que aporta a la justicia. Sabemos, por sus discípulos, que la justicia para Sócrates «es la más hermosa y la primera de las artes...»[1]. La justicia no se limita a actuar dentro de la ley, sino que también se trata de alcanzar el «respeto absoluto a vivir y morir en la justicia…»[2].

Como prueba de su concepto de la justicia, en su momento Sócrates cumplió su propia sentencia de muerte.

Más adelante, Platón desarrolló la idea de la justicia como un concepto de perfección ética que va más allá de la ley y que, además, se adquiere por medio de la educación filosófica en los verdaderos valores.

Por su parte, Aristóteles elaboró aún más la definición y la relativizó en función del justo medio como virtud social, en lugar de la sugerencia de Platón como perfección del alma.

Más allá de la condena de Sócrates, se encuentra su voluntad por cumplir con la ley, como lo expresa cuando en el intercambio de ideas que anteceden a su muerte, su discípulo, Platón, se refiere a las cuestiones que no perdonan los atenienses y que se ubican en las siguientes preguntas: «Aun leyendo todos los textos del mundo, si no te conoces a ti mismo, ¿qué es lo que sabes?; y aun poseyendo toda la erudición del mundo, si no conoces a la gente, ¿qué puedes hacer?»[3]. En el fondo de estas preguntas se encuentra la necesidad de responder acerca de cuál es la forma de vida correcta. Se trata de una exigencia en la vida, solamente comprensible si se toma con rigor y seriedad. Concluye con que la mejor existencia es la que se entrega a la búsqueda de la verdad y al ejercicio de la virtud.

Un mes más tarde, Sócrates cumple con su condena y muere al beber la cicuta.

Empezar por el Renacimiento

Como ya lo anticipaba el destacado historiador Manuel Fernández Álvarez: «…el Renacimiento no viene de la Antigüedad, sino que mira hacia la Antigüedad».[4] Más aún, este momento histórico alude, sin duda, a la discusión de conceptos y desde luego al lenguaje. Se trata de años de contribuciones destacadas por parte de teóricos y pensadores, así como por artistas y creadores sobresalientes.

Existe también un aspecto interesante cuando mencionamos la palabra *renacimiento* y su relación con el arte. Cabe mencionar que el acercamiento al Renacimiento y su alusión a la formación humanista ya habían sido considerados por Ernest H. Gombrich (1909-2001), el gran teórico de la historia del arte. Gombrich afirma que existe una disyuntiva sobre si podemos llamar «renacimiento» a un periodo o a un movimiento en la historia. Lo importante es que a ese término se le han atribuido «una serie de valores particulares».[5] Al reivindicarse el uso del lenguaje, con base en la rama de estudios, sus orígenes se encuentran en que se integra como el sustento del grupo de los «umanisti», los cuales evolucionan hasta convertirse en «humanistas» porque era un grupo que utilizaba el lenguaje para leer, escribir y pronunciar discursos. Se trataba entonces de personas que se desempeñaban como diplomáticos, secretarios o académicos y su actividad y conceptos teóricos se fueron extendiendo a diversas regiones de Europa, con lo cual se destacó no solamente una actividad precisa y definida, sino también «la antigua belleza del estilo».[6] Estamos hablando del estilo propio de poetas como Petrarca, quien se dio a la tarea de recuperar autores de la Antigüedad. Todo ello, en las actividades que implicaban el dominio del latín. De ahí surge la idea de las edades o períodos de la historia, así como la vida en una civilización que renace. Para ello, se recuperan los espacios académicos de las universidades. En esas instituciones se estudia la Dramática, la Dialéctica y la Historia, entre otras disciplinas. Ahí se busca también rescatar el estilo, una «fina fluidez de ese lenguaje...»[7], por lo tanto, se recupera el concepto de la Antigüedad clásica como canon de la perfección.

Los hechos no terminan ahí, la historia de los siglos xvi y xvii prosigue con una actividad social intensa, que va de la mano de los descubrimientos geográficos y de los inventos. Los filósofos y los pensadores interpretan la realidad basados en las vivencias de una edad racional en la cual el hombre está destinado a convertirse en «más humano». Esta herencia se constituye como el punto central y está obligada a ser el tema de las discusiones filosóficas que surgen, por ejemplo, en los Países Bajos, orientadas a la necesidad de definir los cánones éticos.

Las sociedades que alcanzan cierto desarrollo avanzan hacia la explicación de su realidad y, a la vez, se involucran en explicaciones críticas.

Baruch Espinoza, la ética y la búsqueda de la libertad

Desde los albores del pensamiento occidental quedaron planteados los temas básicos que se retoman después en otras etapas de la historia de las discusiones filosóficas.

En esos siglos, y ligeramente más tarde, se ubica en el centro de la discusión la actividad de un filósofo neerlandés de origen sefardí, hispanoportugués: Baruch Espinoza (1632-1677), quien busca responder a la necesidad humana de la libertad, que también es el camino para el conocimiento. Es un hombre del siglo XVII apegado a la racionalidad. Espinoza parte de la metafísica para llegar a la ética. Esto se debe principalmente a la necesidad de establecer respuestas coherentes con la filosofía ante un mundo de emergencia comercial y burguesa. Sus ideas, influenciadas por René Descartes, plantean una clara diferencia entre un modo de vida moral y definen la libertad de pensamiento y sus límites, los cuales no serán infringidos por la religión ni por el Estado. Espinoza lleva la racionalidad al radicalismo, estableciendo así que el ser humano era capaz de comprender la estructura racional del mundo a su alrededor. Para demostrarlo se basó en un orden geométrico y se apoyó en diversas fuentes como el racionalismo cartesiano, la escolástica, la tradición hebrea y de Grecia, así como las ideas científicas de su entorno, como las de Giordano Bruno y de Thomas Hobbes. Espinoza establece que solamente a través del conocimiento el hombre es libre.

Cada vez se acotan las explicaciones que van sembrando las bases para la comprensión de los valores. Sin embargo, los valores no viven por sí mismos, sino que responden a la realidad social del momento. Las discusiones filosóficas continúan su avance y así se retoma la justicia que no puede existir sin el bien. Esto obliga a la necesidad de discernir entre el bien y el mal y contraponer a la injusticia como ejemplo de «...desenfreno, cobardía e ignorancia...».[8]

La historia, siguiendo su paso, es testigo de la violencia y destrucción en el siglo XX, con lo cual se enfoca el tema de la civilización. Por ello, se recuerda a Goethe: «La civilización es un permanente ejercicio en el respeto. El respeto a lo divino, a la Tierra, al prójimo y, por ende, a nuestra propia dignidad».[9]

Nobleza de espíritu

¿De dónde surge el concepto «nobleza de espíritu»? Su origen proviene del Renacimiento, cuando algunas mentes pensantes definen aquello a lo que aspiran, una nobleza literaria de índole humanista, mas no en el sentido aristocrático, sino subrayando el conocimiento, la verdad y la belleza como las fuentes que permiten la verdadera nobleza del espíritu para descubrir la máxima dignidad. Esta fue la aspiración de un renombrado humanista del siglo XVI: Ulrich von Hutten. Varios siglos más tarde, el filósofo Goethe logró decantar esa idea e incorporarla otorgándole un sentido más profundo. Lo destacable del asunto es que Espinoza ya lo había integrado a su propia vida. Partiendo de la idea de que en una sociedad con aspiraciones que no brindan serenidad ni dicha al alma, cuando se procura que la verdad esté unida a la libertad, en ese momento, no es necesaria otra cosa que pensar en la dignidad humana. Se trata de considerar a nuestro prójimo como ser humano.

La nobleza de espíritu unida a la ética de Espinoza hace posible «… la vida recta, la verdadera felicidad y el genuino sentido de la libertad…»[10]. Para ello, es necesario liberarse de la religión y el dinero porque el verdadero pensamiento requiere independencia. Más aún «Quien persigue lo verdaderamente bueno, no puede mostrarse indiferente ante la desgracia ajena». Las implicaciones políticas de un conjunto de conceptos como los alcanzados por Espinoza inciden en la idea de democracia. De ahí, el término que aplicó Goethe «nobleza de espíritu».

Se trata entonces de interiorizar nuestra consciencia sobre la propia actuación en torno a nuestros semejantes, en adquirir una reflexión crítica sobre nuestro propio actuar y de nuestro comportamiento para recuperar aquello que nos hace más humanos, el sentido que concedemos a nuestra vida avivando un bien incuestionable en el camino de la verdad y el ejercicio del respeto.

Civilización vs. barbarie

Los hechos históricos del siglo xx estuvieron marcados por las acciones bélicas y destructivas de los diferentes participantes en los enfrentamientos violentos, por ello proporcionaron material para la reflexión de los filósofos, pensadores y teóricos en torno al devenir de la humanidad. En muchos países se intentó destruir la libertad y, por ende, la cultura, que implicaba ahondar en la búsqueda de la verdad y en la propia existencia del hombre.

La discusión en la posguerra engloba al lenguaje y a la razón al enfrentarlos con el racionalismo y con «el proyecto educativo del humanismo», que hasta entonces se consideraba suficiente para evitar la guerra y la barbarie. Se concluye que hay un concepto de cultura en crisis, por el cual la educación formal no hace a las personas más humanas. Los pueblos se encuentran «en crisis porque ya no se puede identificar la cultura con un comportamiento humano y solidario por parte de las personas»[11].

Para investigadoras como Nos Aldas, la filosofía del humanismo del siglo xvi, no es la solución para acabar con la guerra y la injusticia. Plantea el problema de la deshumanización como la base de la crisis de cultura, establece que hay una «pérdida de contacto con lo humano»[12]. Concluye proporcionando una visión pesimista al plantear que el humanismo en crisis se encuentra desplazado por el materialismo.

Sin embargo, la discusión del momento en diferentes círculos intelectuales y académicos proporcionó muchas otras posibilidades. Como herencia del humanismo liberal que se desarrolló en el siglo xviii, relacionado con la Ilustración, surge un concepto de ser humano «basado en principios del pensamiento liberal como la universalización de los derechos políticos, sociales y culturales, esto se plasma en la Declaración Universal de los Derechos Humanos bajo los principios de libertad e igualdad».[13] Por medio de estos conceptos se consideran y elaboran las bases del humanismo moderno.

Vigencia del pensamiento de Espinoza

El pensamiento de Espinoza sigue vigente cuando han pasado casi tres siglos desde que lo dio a conocer por primera vez. Más aún, es todavía más cercano y se encuentra dentro de una de las propuestas más novedosas de la modernidad.

Al dejar de lado el modelo de vida humana basado en las creencias religiosas, Espinoza crea un modelo de construcción sustentado en la expresión de la potencia y de la libertad humana. Como bien lo refiere Smith: «La ética tiene hoy un especial interés porque sigue siendo uno de los documentos fundadores del moderno individualismo democrático».[14]

Como ya ha quedado establecido, el deseo de libertad individual lleva a la actuación racional y ello va de la mano con la actuación responsable de los individuos para mantener dicha libertad. «La sociedad libre es la sociedad responsable»[15].

En el individuo se aspira a desarrollar una cualidad que le permita enfrentar su realidad. Una cualidad o virtud: «no depende del reconocimiento o la opinión de otros, sino que deriva de la buena opinión que tenemos de nosotros mismos...».[16] En una palabra, se trata de la autoestima. Y esto es mucho más valioso si lo incorporamos a nuestra realidad como una forma de vida. Nos referimos a un concepto que se adentra y se relaciona con el desarrollo personal y resulta ser uno de los motores directos que permiten el logro de objetivos importantes en la existencia.

El estudio de Espinoza contribuye al avance de la comprensión filosófica debido a que demuestra sus ideas por medio de un modelo geométrico, basado en la ciencia matemática. Además de ello, se vale de los recursos de la razón humana para perfeccionar el racionalismo moderno. Podemos añadir la contribución más importante, la que se relaciona con nuestra vida cotidiana. Se trata de la valoración de la libertad que nos permite:

«Abrazar el mundo... mirar a la libertad como una bendición... encontrar placer en esas cosas que tienden a incrementar nuestra sensación de poder y capacidad de actuación... una idea moderna de individualidad...».[17]

En esencia, este último es el planteamiento que complementa la práctica del desarrollo personal. De tal manera que, sin el conjunto de propuestas de Espinoza aplicadas a nuestro tiempo, difícilmente se entendería la trascendencia de sus contribuciones.

La «nobleza de espíritu» y el desarrollo personal en la actualidad

La enorme importancia del desarrollo personal adquiere una dimensión más amplia cuando se relaciona con su aplicación en el trabajo comunitario y se involucra con las políticas públicas y los programas sociales. Se trata de ahondar en los estudios en los que se valora la ruta del desarrollo personal como un ámbito en el que se forman las capacidades y los conocimientos de algún grupo en la comunidad. Es posible profundizar en las condiciones de salud y en el uso de las capacidades adquiridas por diferentes medios. En el transcurso de la vida, los aprendizajes se adquieren por medio de las actividades culturales, sociales o políticas, algunos se logran en el transcurso de la vida productiva, así como también en el tiempo de ocio. Se trata de un enfoque que visualiza el desarrollo humano como un trabajo que enriquece la vida, en un ambiente propicio para que el individuo escoja entre las diversas opciones y el resultado sea, así, más satisfactorio y le permita una vida saludable y creativa. Esto ha sido dado a conocer a partir de los estudios que impulsan los programas que examinan las posibilidades del desarrollo de las sociedades: ingresos, capital humano, bienestar social, etc. Es interesante que estos estudios consideren algunos factores que propician el desarrollo personal, uno de ellos es «la capacidad de acción del sujeto»[18]. En última instancia se trata de la persona que reflexiona, decide y elige su tipo de vida.

La elección de estas condiciones requiere, como se señaló, de un ámbito de libertad que permita ejercer la voluntad individual tomando en cuenta al prójimo. Respetando sus derechos y posibilidades de desarrollo dentro de la sociedad, considerando e intentando comprender sus orígenes como grupo social e incrementando las posibilidades para que logre su realización. De esta manera, a través de la libertad individual, que implica la elección del bien social, se logra una sociedad de individuos unidos para lograr la paz y la seguridad; con ello, se consigue aumentar las expectativas de una sociedad libre que es también una sociedad responsable de su humanidad. Se trata de revalidar los esfuerzos políticos en defensa de los derechos humanos, de los activistas que defienden la sociedad civil, así como la defensa de los medios de comunicación y la libertad de expresión para apoyar a las instituciones democráticas y, en general, al estado de derecho en contra del autoritarismo. Todo ello implica compromisos humanos de conciencia con nuestros semejantes.

Nuestros tiempos no son los mejores, aunque podríamos argumentar que pocos han sido los individuos que se han sentido satisfechos por el momento que les ha tocado vivir. Tiempos de contrastes en todos los aspectos, tiempos de frivolidad extrema muchas veces basada en los ámbitos materiales de la vida, dejando de lado invariablemente aquello que nos hace más humanos. Olvidamos con facilidad la tragedia del otro, bastan unos minutos para dejarlo de lado. Por ello, resulta aún más apremiante contar con valores humanamente profundos, por medio de los cuales respetemos los derechos de los demás a tomar sus propias decisiones, pero manteniendo, dentro de ello, nuestro particular espacio, aquel que nos permita vivir con base en el respeto a nosotros mismos, a nuestro pensamiento y decisiones.

MARÍA EUGENIA DE LARA RANGEL
@DelaraMaru

Nació en 1953, año que se decretó el derecho al voto de las mujeres en México. Alentada por su padre realizó estudios universitarios hasta llegar a ser historiadora de la UNAM. Realizó estudios de posgrado en la Universidad de Oxford y en El Colegio de México, así como Maestría en Historia del Arte en el Centro Cultural Casa Lamm. Una de sus grandes satisfacciones en la vida fue ser directora del Museo Nacional de Historia en el Castillo de Chapultepec, así como directora de Comunicación y Relaciones Institucionales en el Museo Dolores Olmedo, que alberga parte importante de la colección pictórica de Diego Rivera y Frida Kahlo. Ha escrito y colaborado en diversas obras como *Tesoros del Museo Nacional de Historia*, así como en diferentes libros, catálogos y artículos de investigación. Está en el proceso de elaboración de su primera novela.

NOTAS

1. Melo Salcedo, Ileana Marlitt «Algunos aportes al concepto de justicia» en repository.usergioarboleda.edu.co. Consultado el 11 de octubre de 2021. p. 2.

2. Ibid., p. 4.

3. Ibid.

4. Pedro Ruiz Pérez. *El Renacimiento. Notas sobre la formación de un concepto.* En Biblioteca Virtual Miguel Cervantes. www.cervantes virtual. com. Fundación Biblioteca Virtual Miguel de Cervantes. Consultada el 6 de octubre de 2021. p. 1.

5. Ernst H. Gombrich. «El Renacimiento: ¿periodo o movimiento?» En gombrich-renacimiento.pdf-WordPress.com. p.1. https://jricomcursos.files. wordpress.com. Consultado el jueves 7 de octubre de 2021.

6. Ibid., p. 4.

7. Ibid.

8. Rob Riemen. *Nobleza de espíritu. Una idea olvidada.* México, Penguin Random House Grupo Editorial, 2016, p. 90.

9. Ibid., p.120.

10. Ibid., p.160.

11. Ibid., p. 163. «Al desarrollar al máximo el alma. No es la riqueza la que conduce a la virtud, sino la virtud la que conduce a la riqueza, y a todo cuanto resulte beneficioso para el hombre, tanto en su existencia privada como en su vida pública».

12. Nos Aldas, Eloísa. «La crisis del humanismo en el periodo entreguerras desde la literatura comparada». Universitat Jaume I. Consultado el 28 de octubre de 2021.core.uk.ac. p. 2.

13. Ibid., p.4.

14. Calvo Gómez Walter. «El humanismo marxista» en *Revista Espiga*, Vol.18, Núm. 38, 2019, p. 230. Consultado el 28 de octubre de 2021. redalyc.org.

15. Smith, Steven B, *Spinoza y el libro de la vida. Libertad y redención en la ética.* Trad. de Juan Manuel Forte. Madrid, Editorial Biblioteca Nueva. 2007, p. 244.

16. Ibid.

17. Ibid., p. 245.

18. Isabel Lopera Arbeláez y Jonathan Echeverría Álvarez. «Libertad y desarrollo humano en las organizaciones.» *Interdisciplinaria*, vol. 35, núm. 2, 2018. Centro Interamericano de Investigaciones Psicológicas y Ciencias Afines, pp. 395-408. Consultado el 9 de noviembre de 2021 www.redalyc.org.

Bibliografía

Calvo Gómez Walter, «El humanismo marxista» en *Revista Espiga*, vol. 18, núm. 38, 2019, p. 230.

Gombrich, Ernst H, «El Renacimiento: ¿periodo? ¿o movimiento?», en Gombrich-renacimiento PDF-WordPress.com.

Lopera Arbeláez, Isabel y Jonathan Echeverría Álvarez, «Libertad y desarrollo humano en las organizaciones», *Interdisciplinaria*, vol. 35, núm. 2, 2018, Centro Interamericano de Investigaciones Psicológicas y Ciencias Afines, pp. 395-408. Consultado el 9 de noviembre de 2021. www.redalyc.org.

Melo Salcedo, Ileana Marlitt, «Algunos aportes al concepto de la justicia», newsrepository.usergioarboleda.edu.co.

Nos Aldas, Eloísa, «La crisis del humanismo en el periodo entreguerras desde la literatura comparada», Universitat Jaume I.

Riemen, Rob, *Nobleza de espíritu. Una idea olvidada*. Trad. de Goedele de Sterck, Madrid, Penguin Random House Grupo Editorial, 2008.

Ruiz Pérez, Pedro, «El Renacimiento. Notas sobre la formación de un concepto», Biblioteca virtual Miguel Cervantes.

Smith, Steven B. *Spinoza y el libro de la vida. Libertad y redención en la ética*. Trad. de Manuel Forte, Madrid, Editorial Biblioteca Nueva, 2007.

MAR SÁNCHEZ

EL AUTOCUIDADO COMO MEDICINA PARA EL DESARROLLO PERSONAL

¿Cuántas veces te has preguntado: por qué no soy feliz?
¿Cuántas veces has pensado hacia dónde vas?
¿Cuántas veces dudas de cuál es el final?

He pasado muchos años de mi vida buscando respuestas a preguntas sobre mi esencia, sobre quién soy en realidad, sin llegar a una claridad adecuada. Hoy sé que era por sentirme mental y emocionalmente bloqueada, vacía en mi identidad, con dudas continuas de cómo seguir en mis proyectos, y que buscaba un propósito de vida personal.

También he pasado tiempo con un patrón de comportamiento en cierto modo guiado por una creencia descubierta en mi desarrollo emocional que, como a muchos, a mí no me dejó avanzar y explorar soluciones a esas preguntas: «la gente no cambia». La verdad que nunca lo creí del todo, por eso seguía con mi búsqueda llena de confusión, como si de un *viaje del héroe* se tratara.

En los últimos años he aprendido y quiero compartir contigo, querido lector, que no es cierto, sino que *estamos en continuo cambio y transición*.

Somos cambio

O ¿siempre tenemos el mismo comportamiento, las mismas ilusiones, creencias, necesidades o valores? ¿Somos los mismos a los 3 años, a los 10, a los 20, a los 40, a los 50, a los 65 o cuando nos sobreviene un acontecimiento que nos supone pérdida y dolor? ¿Reaccionamos igual todos o a diferentes edades ante las adversidades? ¿Sacamos las mismas lecturas? Las edades las he mencionado así a propósito, pues todas coinciden con diferentes etapas de nuestro desarrollo vital que, por supuesto, va de la mano de ese crecimiento personal sobre el que, como una más, en esta obra que tienes en tus manos, voy a aportar *mi mirada*, la sexta, desde mi visión personal y profesional.

No esperes referencias a estudios ni datos, podría hacerlo, pero voy a escribir como me gusta llegar a mis lectores, desde el *sentir*, desde el mío y un ejemplo de clientes.

El desarrollo personal está ahí en nosotros desde siempre. Aunque muchas personas no lo saben, vivir en piloto automático es totalmente lo contrario a mirarse y desarrollarse, y es lo que nos va exigiendo esta sociedad occidental del *hacer para contar y tener*, hasta que un día algún hecho doloroso te hace parar, pensar y te acabas haciendo estas preguntas:

¿Qué he hecho por mí, hasta ahora, en mi vida? ¿Quién soy en realidad?

Y es entonces cuando comienzas a buscar respuestas que solo encontrarás rebuscando en tu esencia, muchas veces olvidada por la prisa, y será el dolor que sientas el que te llevará en un viaje hacia tu crecimiento personal.

El desarrollo personal, del que yo te hablo desde esta mirada, te aportará sabiduría interior, hará conscientes muchas cualidades personales, que guardas dentro de ti y no eres consciente de ellas. Te devolverá **emociones y creencias potenciadoras** y con ello volverá a ti la seguridad, la alegría y la vitalidad. Por eso, para llegar a ese estado de *flow*, yo te ofrezco, de mi mano, el **autocuidado holístico**, aunque para este capítulo me centraré en el emocional y mental pues por mis vivencias sé que, sin una mente emocionalmente sana, es difícil llegar a más conquistas y objetivos vitales. En definitiva, cuando pones objeciones o muros difíciles de escalar a tu mente, el cuerpo no va a responder como esperas. Recuerda como primera enseñanza desde estos párrafos que:

> Ante una situación a lograr, antes de tomar una decisión que nos lleve a la acción, primero surge la emoción, por ejemplo, el miedo, que hacemos consciente con el pensamiento y si no sabemos darle un significado adecuado, será el muro que nos impida avanzar.

> Cambiar el enfoque y el significado a tu historia de vida
> es el primer paso al crecimiento y al cambio.

Autocuidado emocional

En la actualidad, muchos son los términos y muchas las formas en que nos referimos al autocuidado, pero algo está claro, verás. El cuidado, desde mi mirada personal y profesional, no solo abarca una buena alimentación, forma física y mucho menos unas cremas hidratantes. El cuidado también es mente, espiritualidad y emoción, algo que aún es difícil de entender en nuestra sociedad occidental del *hacer para contar y tener*.

Cada vez somos más personas las que buscamos respuestas y resultados a nuestro autocuidado, cada vez somos más los que buscamos soluciones en el desarrollo personal a nuestro avance y bienestar. En definitiva, cada vez somos más los que queremos vivir sanos y fluir, buscamos el equilibrio, el bienestar y la felicidad.

Felicidad, palabra querida y a la vez maldita para los que no la encuentran, para los que se sienten solos, enfermos, tristes y ansiosos, esperando problemas que, si se empeñan, siempre llegan, y es que nuestra percepción es eso, *nuestra y de nadie más*. Cada uno vivimos nuestras experiencias sintiendo y guiados por nuestro pensamiento y la memoria, allí es donde ponemos nuestra atención o enfoque donde dirigimos nuestra energía, decisiones, acciones y resultados.

– Te pongo un ejercicio sencillo: piensa en un marco de un cuadro vacío o mejor hazlo con tus dedos, dirígelo hacia un lugar o un espacio donde te encuentres, ¿qué ves? Y ahora cambia de espacio y dime si puedes ver la imagen anterior, No, ¿verdad?, solo lo que te permite el recuadro.

– Prueba ahora a que lo vea una persona cercana y compartir la experiencia, seguro que es diferente en cuanto a su descripción, ¿verdad?

Con este ejemplo espero que hayas entendido que tus sentidos y tu mente tienen mucho que decir al respecto. ¿Y las emociones? Seguro que alguna te ha surgido, ¿confusión, duda, rechazo? Y además posiblemente le has dado un **significado,** bueno o malo. Es por eso por lo que:

Tu vida estará guiada por el significado que le quieras dar.

Bien, quiero que sepas que acabas de descubrir algo que en el *coaching* estratégico es la base de sus principios: el **enfoque** y el **significado** nos llevan a la acción, y toda acción y decisión lleva por delante una emoción, como ya te he explicado. Trabajando en un enfoque y significado adecuado, podremos elegir las emociones que queremos *sentir.*

Nos falta el **movimiento o corporalidad**, sin lo anterior, no nos moveríamos, entonces la acción depende además del cuerpo. Es decir, somos un todo en el cual, desde luego, no reparamos a diario, a no ser que ya estés entrenado —no somos más de un 5 %—; el resto sigue en piloto automático, en esa inercia que les impide ver la realidad, que se están quemando a sí mismos, reflejada en forma de ansiedad, depresiones, obsesiones, insomnio, conflictos y bloqueos que pueden tener consecuencias insalubres para quien los pasa. Nuestra sociedad vive desde el neocórtex, lo racional, eludiendo las emociones que continuamente nos surgen antes de tomar cualquier decisión.

ENFOQUE > SIGNIFICADO > EMOCIÓN > DECISIÓN > ACCIÓN

Enfocar nuestra vida de la forma adecuada es nuestra responsabilidad, de nadie más, y mucho mejor si reescribimos nuestra historia en el presente, desde una misión y visión adecuadas, viviendo desde nuestros valores, lo que nos conducirá a una transformación personal, dejando atrás el vacío existencial, ya que sabremos el destino al que llegar. Al igual sucede con **el significado** que tú y solo tú otorgues a los hechos y en definitiva de la historia de vida que *tú te cuentas, creas y te crees*. Que siempre será con la mejor intención positiva para ti, como «servirte» para algo, o «protegerte» y «prevenirte» de algo.

El **autocuidado emocional** te ayudará a progresar, y es este la *medicina* que desde hace 4 años utilizo, y ahora desde aquí te la ofrezco. Eso sí, todo cambio para mejorar lleva implícito dolor, ese que evitamos continuamente para no frustrarnos ni sufrir, sobre todo emocional, al tener que reconocer nuestra propia implicación y responsabilidad en el pasado que hemos vivido, en la historia que nos hemos contado desde nuestra percepción, por eso es importante comenzar gestionando nuestras emociones, si no, no serás libre en tus decisiones. Ten en cuenta que actuamos sobre el deseo de obtener placer y la necesidad de evitar el dolor, si redefines qué son para ti el placer y el dolor, será un primer paso al cambio. Por ejemplo, el fracaso puedes verlo como dolor y frustración o incluso decirte, con tu propio diálogo, «no valgo» o, por el contrario, tomar una actitud de aprendizaje y cambio.

La felicidad se consigue, según el *coaching* y la **intervención emocional estratégica** que yo propongo y aplico, *cuando lo que queremos coincide con lo que tenemos,* es decir, la felicidad es igual al progreso personal y vital.

Alcanzar una meta es felicidad, y el camino a conseguirlo lleva dolor y resistencia; sin las estrategias de autocuidado correctas, nos frustramos; tras mucho tiempo manteniendo la emoción de frustración, se puede convertir en sufrimiento y, si sigues sin poner soluciones, será el momento de la indefensión tomando una decisión muy mala porque llega desde la reacción. «Nada se puede hacer, esto es lo que me ha tocado», tras esta frase llega **la muerte emocional, la falta de propósito, el vacío existencial**.

¿Quieres ser feliz? ¡Crece y lidera tu vida!

La emoción va a ser la gasolina de tu autocuidado. Gestionar el miedo, la ira, la tristeza, el asco, la vergüenza, el rencor y la culpa. Reconocer su mensaje, sentirlas, aceptarlas y no bloquearlas, al contrario de como nos enseñaron, te dará el coraje y la seguridad para el cambio y la transformación personal.

Muchas personas viven en **supervivencia emocional y en control**, algo que, para no pasar dolor, reflejan en el exterior. Comienzan a controlar lo que les rodea y no a sí mismos, sus emociones y reacciones, sus pensamientos y conductas. Algo que no se puede lograr, pues recuerda que cada uno tenemos nuestra percepción, enfoque y significado. Comienzan a sufrir, se bloquean, no saben cómo pararlo y cada vez elevan más su necesidad de control, queriendo llegar a la excelencia por un camino poco saludable, la perfección, que se puede acabar convirtiendo en un **veneno para el bienestar**.

Te invito a contestar unas preguntas que te darán claridad:

- ¿Dónde diriges tu enfoque habitualmente?
- ¿Cuál es el significado más habitual que le das a los hechos diarios, a los pasados, a los problemas que puedan surgir?
- ¿Cuál es la emoción primaria que más predomina en ti a diario?
- ¿Sabrías identificar las más recurrentes?

Date tiempo para contestar y vuelve a ellas pasado un tiempo y busca cambios; si optas por mi propuesta de autocuidado emocional, los obtendrás.

«Solo tú decides qué información metes en tu cabeza».

Autocuidado es liderazgo personal

Cuando consigas llegar a este **autocuidado** que te propongo, conseguirás, con seguridad, tu **liderazgo personal**. Te puedo asegurar que sentirse libre en nuestra vida y tomar las mejores decisiones desde esa libertad es conseguir la felicidad y el *flow*.

La intervención emocional estratégica busca la génesis de un hecho traumático a través de una conversación.

Normalmente se da en la infancia temprana, algo que nos ha podido generar una herida emocional o bloquear una emoción que, en momentos de dolor, con una mente aún infantil, con el amor como mecanismo de conexión y supervivencia, nos lleva a tomar una decisión clave que nos condicionará y acompañará en nuestra vida. Con el enfoque, significado e intención positiva que, de forma inconsciente, en la mayoría de los casos hemos elegido. Decisiones tomadas en la infancia tras una experiencia emocional traumática del tipo: «Valgo o no valgo», «Me quieren no me quieren», «Me voy a quedar solo si...», «Y si...» pueden acompañarnos siempre sin saberlo hasta que lo sintamos, y de esto se encarga la intervención. Es como una *cirugía emocional* que llega a lo profundo de la herida generada a través de la comunicación estratégica y la negociación, haciendo *sentir* ese momento traumático y el dolor que causó. Para así, poner solución al sufrimiento desde técnicas como la visualización, la corporalidad, el diálogo, la meditación, etc. Técnicas muy usadas desde hace siglos para conseguir ese cambio.

Las **heridas emocionales**. ¡Atención, padres! Con las perlas en nuestro lenguaje con nuestros hijos y repetitivas, las 5 heridas están por ahí esperando dejar huella: el **abandono**, la **traición**, la **injusticia**, el **rechazo** y la **humillación**; pocos nos libramos de ellas. Aunque siempre ten en cuenta que, como padres, salvo excepciones, todos hacemos lo que podemos para educar a nuestros hijos, solo que lo hacemos desde nuestras propias experiencias y percepciones. Si no rompes la cuerda que los une a tus referentes ancestros, nunca serás un verdadero líder de tu vida. Las heridas emocionales nos crean **corazas al dolor,** son muchas las personas que prefieren no sentirlo. ¿Conoces alguna persona que continuamente sonríe en exceso, aunque no venga al caso? ¿Qué sientes ante estas personas? ¿Qué te inspiran en diferentes escenarios? Son personas que, pase lo que pase, sonríen, parece no afectarles la tristeza ni el enfado y, en muchos casos, es una contención a demostrar el sufrimiento que llevan en su interior, muchas veces desde niños. Además, ten en cuenta que, por sus características, pueden acompañarse unas a otras haciendo de la conducta y el comportamiento algo difícil de sobrellevar para quienes les rodean.

Se habla mucho de liderazgo en entornos empresariales, incluso se han investigado y puesto nombre, desde la psicología social, además de ejemplos de mayoritariamente hombres, que han llegado al éxito a unos grandes niveles. Unos líderes que han dado ejemplo desde la verticalidad que marca nuestra sociedad occidental, muy guiada por el sistema patriarcal como sistema social, que desde el medievo sigue en vigor en nuestras vidas. El liderazgo vertical no contempla un desarrollo personal desde el ser y el sentir, sino desde el poder y el éxito. Es la *energía masculina* que todos poseemos, es la lógica y la razón, dejando atrás la emoción y así, también las mujeres, cuya esencia principal se guía por estados emocionales, nos sentimos en un ambiente que no nos corresponde y la consecuencia es aguantar y bloquear emociones para no ser «ñoñas», sino «profesionales», pero sin dejar de ser «niñas buenas», como nos enseñaron de pequeñas. Y dirás, ¿esto cómo se hace? Pues con frustraciones, sufrimientos y, al final, indefensión.

Nos enseñaron a aguantar y bloquear emociones y esto
nos lleva al sufrimiento y la indefensión.

Por ello comienza a ser necesario, primero, un liderazgo horizontal o mejor circular, donde no existan pirámides, donde cuanto más arriba se está, *menos se siente, menos se empatiza y se resuelve* hacia abajo, y es entonces cuando se comienzan a sentir emociones conflictivas según desciende la pirámide y pueden terminar en manipulaciones, acosos o *mobbing...*

Nos han educado en la excelencia, en la falta de vulnerabilidad y en la competencia, y además en mi generación, y más a la mujer, en «la cultura del no puedes, no debes y aguanta el fracaso». Ser experto o excelente en algo no implica empujar al otro, sino vivir desde tus propios valores y capacidades, con una misión y visión clara para progresar, usando la empatía y el respeto, la intuición y la creatividad. Una prueba de ello es este proyecto y las 15 miradas que hemos reunido para ti.

¿Por qué no comenzar por liderarte tú, antes que a los demás? Esto no nos lo enseñan en el sistema actual educativo. Aún guardo la esperanza de que algún día suceda, solo que implica un peligro, ¿si no hay *sumisión*, cómo nos van a mandar y manipular? Y, mis queridos compañeros de camino los hombres, quiero que sepáis que estáis en el mismo *saco*, todos entramos en esta pirámide de escalada y de llegar a la punta del iceberg, a la realización «personal», desde mi opinión mal entendida, de la tan usada y conocida pirámide de Maslow.

Un día llegaron a mí, de la mano del *coaching* y la intervención emocional estratégica, las **necesidades emocionales primarias**, y entonces entendí mucho sufrimiento que se puede evitar porque, antes de la realización personal, tenemos que sanar esas heridas del pasado que nos condicionan a la hora de cubrir nuestras necesidades emocionales: el **amor**, el **reconocimiento o importancia**, el **control o seguridad**, la **conexión**, la **diversión**, el **drama**, y cuando usamos los vehículos adecuados, tanto buenos para ti como para los demás, llegarás a las más espirituales: el **desarrollo personal** y la **trascendencia**. Recuerda esta fórmula y guárdala para un futuro:

AUTOCUIDADO > LIDERAZGO PERSONAL >
FELICIDAD > PROGRESO > CRECIMIENTO PERSONAL

Ahora voy, apreciado lector, a poner un ejemplo de un hombre exitoso, empresario, con empresas muy extendidas en diversos territorios, un hombre que ha llegado a la cumbre del éxito material, del hacer y el tener. En un taller presencial, pidió una intervención estratégica emocional, con gran valor por su parte, subió al escenario y delante de muchas personas, dijo: «No soy feliz», sí, muchas personas que no han conocido ni de cerca el desarrollo personal se quedarían boquiabiertos exclamando: «¡¡Pero si lo tiene todo!!». Y es que le faltaba precisamente lo que te indico en la fórmula, porque un día tomó la decisión, con una fuerte carga emocional por su corta edad y los recursos cognitivos no totalmente desarrollados, de no fracasar como su padre y «comerse el mundo»; y se lo comió, pero llevándose por delante sus relaciones filiales, lo que a la mayoría de nosotros nos hace trascender, ser y sentirnos padres y amados como tales. Vivía en la culpa y la vergüenza, dos emociones que nos pueden llevar a un sufrimiento extremo y a la indefensión —esa que te da el significado de «haga lo que haga, nada cambiará, mejor callar»—, esas que, si las dejas avanzar, te llevarán a una muerte existencial.

Esta es una historia de las muchas que me puedo encontrar como interventora estratégica, porque usar vehículos no adecuados para encontrar el amor y el reconocimiento no nos los va a dar, el amor solo depende de ti; si lo buscas fuera y demandas y aguantas, crearás dependencia. Como ejemplo, el trabajo como vehículo para llegar a esas necesidades y conseguir el *poder y el tener* se puede convertir en una adicción —como son las drogas o el alcoholismo— que repercutirá en los demás, pues le estás dando una gratificación a tu cerebro para no sentir dolor y miedo al abandono o al reconocimiento. ¿Para qué quieres tener un Ferrari si no puedes dar una vuelta y disfrutarlo con un ser querido? ¿Cuál es la solución en este ejemplo que te pongo para que esa culpa se diluya y no te condicione? Vivir desde tus valores, y para ello hay que reconocerlos y ponerles unas buenas normas y, además, también a los repelentes esos que por nada nos gusta sentir, porque hay valores como el juicio o la falta de respeto que, en mi caso, tienen unas normas en la actualidad muy claras, porque no me gusta sentirlos. Y ¿para ti?

El **autocuidado emocional** pasa por trabajar, desde mi propuesta con el *coaching* y la intervención emocional estratégica, esos **valores, necesidades**, y **energías** de las que te he hablado más arriba, y las **creencias**, que me quedan para el último punto de este capítulo.

Las creencias condicionan nuestro comportamiento

Toda creencia precede a nuestro comportamiento, una creencia para la intervención emocional estratégica es el *sentimiento de seguridad de lo que algo significa*. La mayoría las hemos creado por la educación y vivencias, en muchos casos permanecen en nosotros de una forma inconsciente y persistente. Una buena creencia nos puede simplificar una decisión para no sufrir dolor. Las más limitantes en nuestro desarrollo personal son las de identidad, creernos que no valemos, que somos ñoñas, tontos, malos... Dañan nuestra capacidad de tomar decisiones y actuar como sería lo ideal y puede que haya alguien detrás esperando tu indecisión para actuar por ti, manipularte y reforzar esa creencia. Las creencias de capacidad personal limitan nuestra libertad y liderazgo, dando comportamientos de sumisión, duda y miedo. Van a mandar sobre el enfoque y el significado que des a una acción, apareciendo emociones relacionadas con el miedo y la valía personal, más si has crecido escuchando mensajes sobre tu identidad, ese «Eres…» que a muchos tanto daño nos ha hecho. Un consejo, empieza a cambiarlo por «Estoy siendo en este momento…».

Ten en cuenta que:

Si te crees tonta, actuarás como tonta y abrirás la puerta al maltrato.

Si te consideras no válida, puedes terminar añorando la excelencia y el éxito al 100 %, llegando a un perfeccionismo que te hará infeliz.

No solo aparecerá el miedo, además la tristeza y la ira se irán turnando en tu forma de actuar. ¿Cuántas personas conoces que permanecen siempre tristes? ¿Qué piensas de esas personas que siempre están enfadadas?

Es muy valioso el cambio de una **creencia de identidad** pues detrás vendrán los cambios de enfoque, de significado y, con ellos, las emociones que los acompañan, y conseguiremos una mejor forma de actuar.

Poco a poco vamos avanzando hacia ese **autocuidado emocional**, cuando descubrimos cómo gestionar nuestras emociones más primarias —el miedo, la alegría, la tristeza, la sorpresa y el asco—, esas que nos vienen de nuestro cerebro más primitivo que compartimos como animales, esas que, para no sentirnos mal, o porque así nos han enseñado, reprimimos en base a unas instrucciones muy incrustadas en nuestro cerebro: «No llores», «No te pongas triste», «No demuestres que te da asco, cómetelo todo», «No protestes»… Seguro que se te ocurren algunas más.

Hay cuatro formas de gestionar estas emociones que van unidas a una expresión corporal, como estudió Paul Ekman, que son nuestras, que las hacemos ante determinados hechos, e igual que las haces las puedes deshacer. ¿Cómo?, primero veamos cómo las gestionamos de forma habitual:

- La **evitación** es de las más frecuentes, son personas que evitan el *sentir*, que transmiten frialdad, que proviene de la armadura que llevan para no sentir más dolor; pueden ser las que más sufrimiento arrastran, pues tienen el amor bloqueado.
- La **distracción**, reduciendo así su intensidad o dolor, comer, beber, trabajar, cambiar de tema…

- El **bloqueo**, no sentirla en absoluto, disimulamos su presencia. ¿No conoces a nadie que nunca está triste y siempre está exageradamente alegre?
- Y la más sana de todas y que implica autocuidado y liderazgo personal: **sentirla conscientemente**, que no es más que darse cuenta de que está ahí y dejarla actuar. Las emociones, aunque nos parezcan incómodas, tenemos que tomarlas como señales de acción. Por ejemplo, si aparece el miedo, no lo evites, piensa que su mensaje es que te prepares para algo. Si se prolongan en el tiempo, tus miedos pueden acabar en ansiedad, que, sin saber cómo gestionarla, su represión y constancia pueden llevarte a enfermedades endocrinas, oncológicas, cardiovasculares, gastroduodenales y osteomusculares.

Ahora te voy a hacer un pequeño regalo por llegar hasta el final de mi capítulo:

¿Cómo conseguir la maestría emocional?

- Identifica la emoción que te llega.
- Descifra su mensaje, qué te quiere decir.
- Decide lo que realmente quieres.
- Dale tu mejor significado: «Has venido a mí porque...».
- Ahora solo te falta actuar, desde una decisión clara.

¿Qué pasa si no gestionamos bien nuestras emociones? Que aparecen otras en su lugar como la incomodidad, la decepción, el miedo, el dolor, la tristeza por la pérdida y la inferioridad. Ahora te toca a ti elegir si quieres cuidarte y liderarte o seguir como hasta ahora.

Vivir desde nuestro propósito de vida implica desarrollo personal.

Mi propuesta es el autocuidado, comenzando con el emocional. Si consigues dar a tu vida un enfoque y significado saludable, tendrás la mayor parte del camino ganado. Te invito a probar las herramientas que en estos párrafos te he descrito viviendo desde tus valores, cubriendo tus necesidades con los vehículos más saludables, cambiando creencias limitantes a potenciadoras y equilibrando tus energías: la *masculina del hacer*, con la *femenina del sentir.* Todo ello con una gestión emocional potente y simplificada por unos pasos como los que te he presentado.

Ya sabes:

> *Querer es poder, yo te ofrezco un vaso con agua, ahora eres tú quien debe tener sed y beberla.*

> *La transformación y el desarrollo personal por un camino adecuado solo dependen de ti, de que así lo quieras.*

MAR SÁNCHEZ
@tocacuidarme

Mar Sánchez nació en 1963, año en que Martin Luther King Jr. pronuncia su célebre discurso «*I have a dream*». Su sueño: escribir desde el corazón. En 2020 nacen sus dos libros en un afán de dar visibilidad al autocuidado. *Toca Cuidarme* nace desde su propia experiencia como cuidadora y *coach* estratégica. *La mujer que vive en ti* sigue la serie de autocuidado y liderazgo en femenino.

Enfermera en la salud pública española, *master-coach* de salud e interventora emocional estratégica. Formada en psicología, antropología, *mindfulness*, inteligencia emocional y *coaching* estratégico, se ha dedicado al estudio de la salud de la mujer haciendo hincapié en su psicología. Compagina su trabajo de enfermera con el *coaching* de salud, la intervención estratégica y la escritura tanto en su blog como en sus libros.

MARIANA TERESITA COPOBORÚ

LA IMPORTANCIA DE LA SALUD EMOCIONAL

Introducción

Podría empezar este capítulo citando una infinidad de personas, páginas, documentos y excelentes profesionales que se han permitido ahondar en lo que es la salud emocional. Si me voy a permitir escribir sobre ello, es porque yo también lo he hecho. Soy de escuchar, leer y acercarme a aquellos que han leído y experimentado más que yo.

El concepto de «salud emocional». Existen varias maneras de enfocar y definirla. En este capítulo, la enfocaré en base a la definición dada por la Organización Mundial de la Salud (OMS), que la describe como «un estado de ánimo en el cual la persona se da cuenta de sus propias aptitudes, puede afrontar las presiones normales de la vida, puede trabajar productiva y fructíferamente, y es capaz de hacer una contribución a la comunidad».

Al ser un aspecto tan abstracto y subjetivo de la vida, el ser humano ha tendido más a dejarlo pasar desapercibido. De ahí que sus estudios se hayan realizado de manera más tardía. A pesar de todos los avances hechos por la medicina en el ámbito de la salud mental, existe una infinidad de comunidades para las que la misma sigue siendo un tabú. Ni hablar ya de las emociones y la importancia de su buena gestión.

A lo largo de la historia de la humanidad, las emociones han venido siendo tratadas como algo que reprimir, ocultar, negar e incluso eliminar si se pudiera, en lugar de gestionar, conocer, experimentar y crecer con ellas. Siendo las mismas el canal que conecta con nuestro más puro ser.

Mi intención no es redactar lo que ya se sabe, ni contar lo que han contado otros dotados de muchísimo más conocimiento en la materia que yo, sino poner en la plataforma presente esa parte obviada de la salud emocional que requiere trabajo constante. Si al terminar de leerme, consigo que en el desarrollo personal figure el cuidado de la salud emocional como estilo de vida, me doy por bien servida.

En los países con mayor desarrollo económico infraestructural puede percibirse mejor la atención que se le está prestando ahora a la salud emocional. Sin embargo, al ser una cuestión tan subjetiva, aunque a nivel profesional se considere de suma importancia, socialmente hablando sigue siendo uno de los últimos puntos a tratar o a ser considerados tratables. La necesidad de tratar con especialistas del cerebro está directamente relacionada con denotativos que aluden a la locura, la debilidad, la hipersensibilidad o la incapacidad de desenvolverse en sociedad. Cuando los especialistas del cerebro, aunque parezca redundante, son a la salud mental lo que el hospital es a la salud general.

He mencionado antes «los países con mayor desarrollo económico infraestructural» porque si los problemas del cerebro pudieran clasificarse en términos de intensidad de forma general y cuantificable, podría decirse que en esos países es donde existen mayores casos de personas a las que les toca lidiar con problemas como el estrés, la soledad, la depresión, la ansiedad y todas esas enfermedades psicológicas parcialmente relacionadas con las emociones. Sin embargo, en los países cuyo desarrollo económico infraestructural les obliga a llevar una vida emocionalmente activa, ligera y cercana —considerando que siguen teniendo mayor dificultad en cubrir las necesidades primarias de la vida (la pirámide de Maslow)—, son menores los porcentajes que se conocen de casos de dificultades en el desarrollo emocional y enfermedades relacionadas con el cerebro que afectan primero a su parte no física.

Independientemente del lugar geográfico en el que se encuentre una persona y las situaciones externas que contribuyan a su desarrollo emocional, la importancia que tiene la misma y la forma en la que se cuida y se cultiva requiere, relativamente, de los mismos parámetros. Este no es un capítulo de autoayuda en el que voy a enseñar a cuidar de la salud emocional, pero sí voy a tratar de plasmar, a través de mis ojos, el papel que tiene en la vida. Y la manera en la que, de forma individual, todos podemos ayudar al cuidado de la misma.

Pilares del crecimiento emocional

Para aquellas personas que nunca hayan sentido la necesidad de visitar un especialista del cerebro en su parte no física, no se hayan visto obligados a acudir o no hayan tenido la oportunidad de hacerlo por diferentes razones, siempre a la hora de trabajar con las emociones se utiliza la frase «el trabajo lo tiene que hacer uno mismo».

El crecimiento emocional podría describirse como una edificación de un solo pilar de varios componentes que sostiene una construcción para varios habitantes. Lo que significa que, aunque sea un trabajo individual, es una responsabilidad comunitaria. Del individuo hacia sí mismo y su comunidad, y viceversa.

El único pilar en el crecimiento emocional es uno mismo. Sin embargo, existen diferentes factores externos que contribuyen a su desarrollo proporcionando recursos que facilitan al individuo la manera en la que decida crecer emocionalmente. Las religiones, las culturas, la educación y todas esas cosas que ayudan a determinar lo que es o no correcto influyen directamente.

Afecto paternofilial

La filosofía de la primera impresión. «Solo se realiza una vez». En muchos artículos e infinidad de libros de texto, podréis encontrar mil y una formas de expresar la importancia de crear un excelente vínculo paternofilial. Independientemente de cómo se fundamente, la necesidad que tiene el ser humano de sentir que pertenece a un grupo le hace tender a intentar conectar con lo que le rodea.

Evitando establecer una lista de estadísticas o tecnicismos que puedan derivar en el desenfoque de lo que intento transmitir, voy a mencionar algunos de los autores que me han servido mucho de inspiración a la hora de determinar mi percepción en cuanto al punto del que parte el proceso del crecimiento emocional —como vienen siendo Boris Cyrulnik, Daniel Stern, Eric H. Erikson, Steven C. Hayes o David Sloan Wilson, entre otros—, combinando conocimientos de las relaciones de padres e hijos con la relación que uno tiene consigo mismo.

Hasta un determinado punto de la vida, los progenitores o cuidadores ejercen un papel muy importante en el desarrollo de mucho de lo que después se vaya a ser como persona. Sin embargo, la autonomía personal que disponemos como seres racionales que somos convierte mucho de lo que recibimos de nuestros cuidadores en simples recursos que regularmente se utilizan para sustentar las decisiones que tomamos con el libre albedrío.

La familia

Conforme se ha ido desarrollando la historia de la humanidad, el concepto de familia ha ido ampliándose en función de los parámetros que nos hacen sentirnos parte de algo. Una de las maneras más intensas de conectar con algo es la conexión emocional, que se crea a través de los sentidos que provocan sentimientos que se ligan a la memoria.

Hasta hoy en día, socialmente hablando, parece incluso obligatorio pertenecer a una familia. Es una realidad que se puede notar en todas las etapas de la vida. En la infancia, para la persona todo es prácticamente nuevo. Se ha de adaptar a todo lo que se le presenta y aprender aquello que se le enseña. La necesidad de pertenecer o conocer a la familia biológica es algo que se aprende. El hecho de necesitar un padre o una madre e incluso hermanos es algo que se aprende. No me malentiendan, no digo que no hagan falta. Lo que viene siendo realmente necesario es contar con la función de esas personas en la vida. Muchas veces se ha utilizado la frase «los niños necesitan crecer con sus padres juntos» y están aquellos que hasta hoy piensan que las familias no tradicionales son familias disfuncionales porque hombre y mujer los hicieron para amarse, reproducirse y crecer en armonía. De lo cual solo la última parte es acertada. Como esas, una infinidad más.

En la adolescencia se percibe una cierta competencia por las relaciones familiares, quién tiene los mejores padres o quién se percibe como peor hijo. La presión que se ejercen entre sí por tener una u otra cosa o vivir una u otra experiencia es algo que también se aprende.

Como si no fuera suficiente, en la edad adulta también se crea la presión y la necesidad de formar tu propia familia. Como si la vida llegase con un manual de instrucciones y en las diferentes edades existiesen cosas que obligatoriamente tuvieran que ocurrir. Sí, el ser humano, como ser racional y social que es, necesita poder establecer sanas relaciones sociales y, para ello, precisa de cuidar constantemente de su salud emocional y, con ello, su percepción de las cosas.

Hasta que se llega a una edad racional tal que se puede establecer la diferencia entre las creencias personales y las creencias inculcadas, ya sean familiares o culturales, tomar consciencia del poder individual de gestionar las emociones y modificar los pensamientos para alcanzar un estado tal que la persona tome el absoluto control de aceptar y afrontar las situaciones en las que se encuentra.

Relaciones extrafamiliares

En teoría son el refugio de la persona. Esa parte que debería poder elegir. Aunque lo que más depende de uno es tener la capacidad de identificar las acciones que permiten a los demás involucrarse en su vida personal. Abrirse a extraños, dejarse conocer, amar y dejarse amar.

Una persona emocionalmente sana tiene menores dificultades para relacionarse con los demás. Hay un dicho popular que alude a la cantidad de veces que puede ser uno lastimado. «El clavo más recto es el que mayores golpes recibe». Así mismo, aunque mi intención no es hablar sobre las leyes de atracción, muchas veces no toca lidiar con personas con las mismas vibras de uno, sino con personas que necesitan de esas vibras para poder lidiar con su existencia. Ser lo suficientemente fuertes a nivel emocional es lo que nos hace mantener el control necesario para que no se produzca un traspaso de energías, sino un enriquecimiento de las propias.

Cuando la salud emocional de una persona flaquea, uno de los refuerzos más importantes que tiene son sus relaciones extrafamiliares. Esas personas que uno podría permitirse elegir y que, indirectamente, están para recordarte eso de ti que inconscientemente se te olvida cuando flaqueas. Sin embargo, si uno se permite prestarle a su salud emocional la atención que merece, difícilmente llega a necesitar refuerzos. Porque un importante aspecto de la salud emocional es que incrementa la consciencia de la autosuficiencia. Es decir, dota a la persona de la capacidad de saberse manejar en todas y cada una de las situaciones en las que se encuentre. Sin que eso le abstenga de necesitar una ayuda puntual.

Ciclo de vida emocional

Llegados a este punto, ya tenemos más o menos claro lo que es la salud emocional y los diferentes aspectos que influyen en la misma o en los que la misma influye. Pero, sobre todo, tenemos claro que es la misma persona la encargada de su salud emocional. Independientemente de lo que haya sido su historia de vida. En este punto quiero exponer la manera en la que se percibe la misma en las diferentes etapas de la vida.

Infancia (0 a 365 días)

Este es el periodo más emocional de la vida del ser humano. Al crecer, se nos olvida. Pero en el primer año de vida, la única manera que disponemos de comunicarnos es por medio de las emociones. Siendo esa nuestra primera manera de manifestar nuestra percepción de las cosas común a todos los seres humanos, no queda fuera de lugar cuestionarse por qué se pierde, se deja en desuso, se vuelve tabú o se convierte en signo de debilidad. ¿No es acaso la misma existencia el mayor signo de fortaleza?

Puede decirse que la gestión emocional se aprende. No sería una afirmación errónea. En cambio, considerando que los bebés son los seres más emocionales que existen y al mismo tiempo los más situados en el momento presente, son también los seres con mejor gestión emocional. Entonces, ¿la gestión emocional se aprende, o se pierde y se recupera?

Infancia temprana (1 a 3 años)

Este es el momento de la vida del ser humano en el que mejor se refleja su potencial. Cuando la persona combina de la mejor manera conocimientos y emociones. Un niño de esta edad apenas se está descubriendo. Pero ya tiene desarrolladas la mayor cantidad de sentidos posibles que ayudan a su autonomía personal.

Es en el final de esta etapa donde los responsables de guiarlo en su desarrollo emocional se encargan de enseñarle lo que ellos aprendieron en su momento. Son muy pocos los que se preocupan por analizar en qué decantaron aquellos conocimientos inculcados y aún menos los que se cuestionan qué tan oportuno es para las nuevas generaciones.

Un ejemplo claro de ello es el sistema educativo. Después de tantos avances que hemos hecho como humanidad, es curioso que los humanitarios se hagan tan lentos. Independientemente de lo que le diferencia a cada ser humano dotándolo de una habilidad única, se les sigue formando y evaluando a todos por igual. Ya lo dijo Albert Einstein una vez: «Todos somos genios. Pero si se juzga a un pez por su capacidad de trepar, pasará toda su vida creyéndose inútil».

Ignorando esta autenticidad del ser humano, lo empezamos a moldear dejándole perderse y lo llamamos educación.

Edad preescolar (3 a 7 años)

El infante emocionalmente sano y capacitado para combinar conocimiento y emoción se encuentra en una situación tal que la vida le obliga a elegir. Ya tiene que lidiar con sus semejantes y los adultos encargados de acompañarlo en su proceso le enseñan lo que una vez aprendieron ellos y jamás se cuestionaron.

Conocimiento por encima de emoción. Certeza en lugar de lógica. Patrones en lugar de creatividad. Obediencia en lugar de ingenio e iniciativa. Todo se limita a lo que el sistema exige y es aquí donde empieza a perderse la importancia de las emociones en el desarrollo personal.

Edad escolar primaria (7 a 11 años)

Algunos todavía se sienten libres. Han perdido mucha emoción, pero entonces la gente se lo tiene justificado con la ilusión de que eso significa que están creciendo. Están aprendiendo a callar cuando alguien lo ordena. A privarse de llorar cuando la carga emocional lo requiera. A no expresar sus sentimientos para no molestar y lidiar como puedan con las costumbres y los ideales adquiridos por los educadores. De los cuales, la gestión emocional no cuenta.

Adolescencia

En términos de conocimiento y emoción, es en esta etapa cuando mejor se nota la importancia de combinarlas y de trabajarlas juntas. La persona necesita su identidad individual para desenvolverse en sociedad. Esa que inconscientemente le ha sido arrebatada en la infancia. Esa que tanto trabajo le costará recuperar a lo largo de su vida. Esa que, en el ocaso de la misma, volverá sola si durante la misma no se consigue hallar.

Muchas veces hemos escuchado la frase «parece que los adultos se olviden de cómo se sentían cuando eran adolescentes». En realidad, pareciese que el ser humano se olvidase siempre de su proceso. Porque es así mismo como los adolescentes parecen olvidarse de cómo se sentían cuando eran niños, pero cómo la intención parece ser nublar las emociones o erradicarlas, de eso, pocos hablan. No vayan a parecer débiles.

Adolescencia temprana (10 a 13 años)

Infancia tardía o adolescencia temprana. Puede considerarse una de las etapas más difíciles del desarrollo emocional de la persona. En función de la concepción que tenga el individuo del papel que realiza su entorno en su vida. Las personas a esa edad están forjando su manera de pensar con los recursos de los que disponen inspirándose siempre en aquellos cuyo papel en sus vidas es de suma importancia.

Los padres, cuidadores, amigos, compañeros, las historias que les cuentan, las que viven, la vida de sus semejantes, el trato que reciben, pero, aún más, el trato que se dan a sí mismos; todo eso, y más, influye en su manera de decidir lo que percibe correcto. Volviendo una vez más al concepto de salud emocional que nos proporciona la OMS, «Un estado de ánimo en el cual la persona se da cuenta de sus propias aptitudes...» es el pedacito de la definición que más impacta a esta edad. La persona se da cuenta de que posee aptitudes o, en su defecto, su capacidad de hacer suyas las de los demás, y establece los cimientos de su cuadro emocional.

Las ideas y los pensamientos son como el río que va a parar al mar. Aunque el cauce sea constante y el río permanezca en el mismo lugar, sus aguas jamás serán las mismas.

Adolescencia media (14 a 16 años)

Esta es la etapa de la vida en la que, sin lugar a duda, la persona es totalmente considerada una adolescente. Hasta tal punto que, independientemente de su personalidad, su percepción de la vida e incluso a veces su manera de comportarse, el entorno tiende a clasificarlos según los estereotipos de temporada.

Es muy común escuchar que ese es el trayecto más difícil de la vida. Como un coladero que determina quién va a tener éxito y quién va a perderse. Yo no soy madre de adolescentes todavía ni mucho menos. Sin embargo, del tiempo que llevo entre los mismos, una cosa que me ha llamado siempre la atención es que los adultos, a la hora de interactuar con ellos, siempre le prestan mayor atención a lo de fuera. Cosas como su círculo de amistades, las cosas a las que le dedican su tiempo —ya puede ser la consola, cantar, dibujar o simplemente encerrarse en su cuarto—, si tienen o no relaciones íntimas y qué tan seguras son. En definitiva, lo que es la persona de vista hacia fuera.

Fisiológica y biológicamente hablando, el cambio que está experimentando una persona a esa edad requiere de una mirada profunda y atenta hacia su «yo emocional». Ese al que casi todos le acaban teniendo miedo. Porque a muy pocos les enseñan a lidiar con él y a conocerlo. Esa parte que hemos de aprender a gestionar, a hacer crecer y a convivir con ella.

Considerando la poca atención que se le presta a la salud emocional en cualquier etapa de la vida y aún más en esta, no estaría totalmente equivocado considerar que una de las razones por las que los adolescentes a esa edad son catalogados como problemáticos y difíciles de manejar es que están en un punto tal que su parte emocional y racional confluyen con igual intensidad. Suele decirse coloquialmente «Son tratados como niños y esperan que se comporten como adultos».

Simplemente son adolescentes. Ni niños, ni adultos. Personas a las que, a la gestión emocional en la que no han sido formados, se le ha unido un cambio hormonal del que han oído hablar de manera técnica y algunos ni eso. Sumado a la presión de tener que actuar ya como un adulto.

Adolescencia tardía (17 a 21 años)

Temprana adultez o adolescencia tardía. Si las emociones fueran un aspecto caduco en el tiempo, clasificable en términos de intensidad de manera generalizada, podría decirse que a esta edad la persona está emocionalmente relajada. Sin embargo, esa sería de las afirmaciones más equívocas que se nos podría ocurrir. Biológica y fisiológicamente hablando, la reducción hormonal es considerable. Lo cual poco tiene que ver con la gestión emocional.

La persona empieza a sentirse mucho más identificada con los adultos que con los niños. Regularmente, ansían dejar de ser considerados adolescentes. Lo que conlleva proporcionar un comportamiento «maduro». Puesto entre comillas porque es muy difícil hablar de madurez sin tener en cuenta conocimientos de gestión emocional.

Estamos en una etapa en la que hay que empezar a tener visión de futuro. Proyectos. Programas. Resolver la vida en general. Ese es el momento cumbre en el que las emociones acaban siendo totalmente opacadas por la atención del ser humano.

Adultez

La edad adulta. Los que rigen la sociedad. Se necesita mucho cerebro para controlarlo todo y ninguna neurona para dejarlo fluir. Es ahí donde nos perdemos como humanidad. Cuando empezamos a funcionar como máquinas. De manera extremadamente técnica. Hasta tal punto que, aunque las leyes estén puestas para establecer un orden en la sociedad, es difícil pararse a analizar los diferentes casos con ojos humanitarios.

¿Hasta dónde seremos capaces de llegar por defender nuestros razonamientos? ¿No están estos condicionados a la realidad del momento? Si son los mismos transitorios, ¿por qué fijarlos a un estilo de vida? Por ahí he oído la frase: «El hombre es capaz de irse a la luna e incapaz de empatizar con el hermano que tiene a lado». Pero ¿y si el problema lo tiene consigo mismo?

Es muy difícil pensar en lidiar con todo lo que se viene encima si no se es capaz de lidiar con uno mismo. En mi recorrido como estudiante, una de las frases que más me ha llamado la atención ha sido «trabajar con la receta». Puede ser expresada de diferentes maneras, pero alude a la simplicidad de aplicar lo que ya dedujeron otros sin tener la necesidad de razonar el porqué llegaron a la conclusión que hoy se aplica. Para resolver operaciones o recetas culinarias, vale. ¿Es aplicable a todo?

Juventud

La vida es como un examen individual con tiempo limitado diferente a cada individuo. Por ende, los retos y las preguntas son tan similares como diferentes. Lo único común a todos los que no se les acabó el tiempo es que siguen vivos.

La juventud es la etapa de la adultez en la que aparentemente tenemos todo bajo control. Con otras palabras, la vida es nuestra. Sí. Sé que algún joven podría estar pensando que no es así. Porque al encontrar cierta dificultad a la hora de manejarse en los retos de esa etapa se siente perdido, fuera de temporada o retrasado en sus logros. Vital y espiritualmente hablando, es este el momento.

Definamos la juventud no como un periodo de tiempo, ni como una edad, sino, más bien, como un estado mental. Un estado mental en el que la persona desarrolla la habilidad de combinar razonamiento y emoción. Se deja guiar por sus sentimientos para llevar a cabo los razonamientos e ideas que se le ocurren. En términos de edad, al joven siempre le faltará experiencia. Experiencia en el desglose de la juventud.

Adultez intermedia

Como adultos, son personas experimentadas en la juventud. El error que cometen muchos es descatalogarse como jóvenes. O, lo que es lo mismo, adjudicarle a la palabra juventud una edad o tiempo determinado.

Se encuentran tan inmersos en la rutina de la «madurez» que le pierden por completo el significado a la palabra misma. La gestión emocional como la capacidad de permitirse experimentar cada una de las emociones en el momento que lo requieran a la intensidad que la ocasión merezca va implícita en el término de madurez.

Al haber perdido por la rutina u otros aspectos de la vida la capacidad de permitirse vivir cada experiencia que la vida brinda, tienden a encontrarse en una espiral de bloqueo de las emociones que se libera más adelante.

Vejez

Vuelta a la esencia emocional. En el ocaso de la vida se percibe la misma como lo que es. Se siente la muerte al acecho; aunque ha estado ahí siempre, en ese momento parece más real. La vida se percibe como lo que es: un instante en el tiempo. Da igual el tiempo que sume. Importan más las experiencias que cuenten.

Como si la persona se estuviera despidiendo, da lo que queda de sí para marcar la diferencia. Cada día que se levanta y puede permitirse vivir un día más, aunque el cuerpo se lo limite, se da a lo que sí se puede permitir.

Llegados a este punto, tomamos conciencia activa y presente de la vulnerabilidad del ser humano que siempre ha estado ahí. Esa parte de nosotros que nos recuerda que somos más emoción que cerebro. Porque lo que finalmente cuenta es eso que marca por dentro. Aquello que refleja la diferencia.

La salud física, el bienestar económico, la posición social, los títulos y todas aquellas cosas que se persiguen a lo largo de la vida se reducen a emociones. Las mismas que en el intento de sobrevivir a la presión social que el sistema dispone dejamos desatendidas. Solo en el ocaso es que se percibe la verdadera esencia del trayecto. ¿Y si en el desarrollo personal le diéramos a la salud emocional la importancia que merece?

Como conclusión diría que, para cambiar el mundo, se ha de empezar por cambiarse a uno mismo. Hay que intentar dar con la mejor versión de cada uno y no dejar de lado ninguna de las áreas del ser humano por muy abstractas o subjetivas que sean.

MARIANA TERESITA COPOBORÚ
@novel.ldelysha

Mariana Teresita Copoború nace el 9 de diciembre de 1998, día en el que el poeta español José Hierro gana el premio de literatura en lengua castellana Miguel de Cervantes.

Nace en Guinea Ecuatorial, Sampaka, país que, hasta el 12 de octubre de 1968, era conocido como Guinea española, siendo esta una colonia española formada a partir de la colonia de Río Muni, la isla de Fernando Poo, la colonia de Elobey, Annobón y Corisco y otras islas adyacentes. Pasando del expolio al olvido por los habitantes españoles.

Desde que aprendió a escribir a los 5 o 6 años, ha utilizado la escritura como refugio. Trabajando en el proyecto D.E.L.Y.S.H.A. y aún todavía por definirse. Que en cada amanecer hay algo nuevo que aprender y todavía se descubre.

LINDA MONROY

¿CÓMO VIVIR EN ABUNDANCIA?

Descubre las 7 claves principales para
tener una mentalidad abundante

El desarrollo personal abarca una gran variedad de técnicas que permiten al ser humano experimentar un proceso transformacional, donde se adopta un sistema de creencias que generan nuevas actitudes y comportamientos. No obstante, algunos temas son a simple vista más relevantes que otros. En este capítulo quiero profundizar en un concepto que, por decirlo de alguna manera, ha sido «ignorado» dentro de la sociedad hoy en día: la abundancia.

Y ¿por qué digo ignorado? Si bien las diversas áreas del crecimiento personal toman en consideración el ser, el hacer y el tener del individuo, ¿cómo es que nos olvidamos de mejorar la habilidad para mantener un estado mental abundante?

Vivir en un estado mental de «abundancia» significa expresar, a través de nuestro ser (pensamientos, emociones y comportamientos), instantes de paz, fe y confianza reflejados en el amor por la vida. Una persona con un estado mental abundante no se preocupa por lo desconocido porque sabe que su única misión en el mundo es percibir, observar y aprovechar las oportunidades que se manifiestan en el presente. Es consciente de que la felicidad depende de la forma como da la bienvenida al día y el agradecimiento por cada recuerdo de su pasado.

¿Alguna vez has pensado que mantener un estado mental abundante puede mejorar tu desarrollo personal?

Si analizas por un instante el área donde podrías incluir la abundancia dentro del desarrollo personal, te darás cuenta de que está contenida en cada aspecto de tu vida. Abundancia en autoestima, salud, trabajo, oportunidades, amor, comodidades, dinero y podría seguir con una larga lista de aspectos en donde podemos alcanzar niveles de satisfacción personal elevados. En otras palabras, asociar la riqueza en el crecimiento personal nos invita a profundizar en el mundo del autoconocimiento y el autoconcepto creando una versión de nosotros mismos potenciada.

Para mí, la abundancia abarca lo tangible y lo intangible, lo abstracto y lo concreto, lo grande y lo pequeño. Es la conexión directa con el Campo Cuántico.

Pero el mensaje principal del capítulo no es desmenuzar la definición de abundancia. Por el contrario, quiero enfocarme en enunciar las principales claves que puedes implementar para manifestar cambios en tu realidad y mejorar tu calidad de vida a través del poder de tu mente.

Antes de empezar, quisiera hacerte algunas preguntas:

- ¿Te parece lógico que algunas personas sean ricas en conocimiento, pero pobres económicamente?
- ¿Cómo es que hay personas que tienen más oportunidades laborales que otras?

Si todos provenimos de una Inteligencia Universal que es la creadora de todo lo visible y lo invisible:

- ¿Por qué algunas personas sienten que viven en medio de la escasez?
- ¿Por qué existen las necesidades?
- ¿Por qué algunas personas no se sienten felices con lo que tienen?

Podría seguir haciendo hincapié en varias cuestiones que me hacen reflexionar sobre el poder de nuestra mente y la gran desatención que algunas personas dan a su conexión con la divinidad.

Considero que todos los seres humanos tenemos abundancia infinita. El problema radica en que una parte de la población tiene un mal uso de los pensamientos percibiendo una vida llena de carencias, mientras que la gran minoría disfruta de una realidad llena de riqueza y prosperidad.

Mi intención dentro de este capítulo es compartir siete claves principales para tener una «mentalidad abundante». No solo porque te permitirá manifestar una vida plena y próspera. También, porque podrás incrementar tu amor propio, descubrir nuevos talentos y desarrollar nuevas habilidades, marcando un antes y un después en tu crecimiento personal.

Antes de enumerar las claves, quisiera hablarte de dos grandes canales de energía que son determinantes para nuestra abundancia: el dinero y el tiempo.

¿Cómo podemos tener una mentalidad abundante si no sanamos nuestra relación con el tiempo y el dinero?

¡Es imposible!... No se puede vivir con abundancia si primero no sanamos estas dos áreas de nuestra vida. Por ello, permíteme darte una pincelada de lo que puedes hacer para mejorar tu relación con estos dos grandes canales de energía.

La energía del dinero

Existe una creencia colectiva que asocia la definición de abundancia solo a la parte económica de las personas, cuando en realidad abarca la «totalidad» del desarrollo personal del Ser. Tengo que admitir que yo también tenía esa creencia muy arraigada en mi mente y solo fue a inicios del 2016 cuando mi mapa de creencias sobre el dinero y la abundancia se derrumbó.

Por ello, quiero compartir contigo mi punto de vista sobre la relación entre el dinero y el desarrollo personal. Yo no lo creía. Para mí, estos dos temas estaban completamente separados, ya que no veía una asociación entre sí.

No soy una gurú de los negocios, pero he aprendido a dejar de controlar las situaciones y los eventos que me generan dinero, porque al igual que el amor, el dinero es un canal de energía.

Un ejemplo donde mejor te puedo explicar lo que para mí es el dinero es comparándolo con una mascota. Si la maltratas, le pegas, no la sacas a pasear o la ignoras, ella nunca va a sentirse atraída hacia ti. Lo mismo pasa con el dinero.

Qué pasa con el dinero si…

- ¿No lo sabes administrar?
- ¿Tienes pensamientos de escasez?
- ¿Ignoras su importancia en tu calidad de vida?

Creo que ya me has entendido.

Si la pregunta que tienes ahora mismo es: «¿Cómo puedo atraer más dinero a mi vida?», empieza por observar qué es lo que tú haces para que el dinero se vaya de tus manos. Y, sobre todo, cada vez que pienses en las razones por las que esto sucede, responde a las tres preguntas anteriores. Será el mejor comienzo para sanar tu relación con el dinero.

Cabe resaltar que las personas adineradas tienen un alto nivel de autoconocimiento, autoconcepto y autoestima. Por lo tanto, el dinero como canal de energía se incrementa en las personas que utilizan sus habilidades y destrezas para el bien colectivo de la humanidad y se enfocan en mejorar sus capacidades gracias al poder que les otorga el dinero.

Dicho de otra forma. Concentrar tu enfoque mental y emocional en alimentar tu ser interior a través del autoconocimiento, el autoconcepto y la autoestima te abrirá las puertas al maravilloso mundo de la abundancia y el crecimiento personal.

Con lo anterior, es preciso señalar que los comportamientos desleales en los que una persona adquiere grandes sumas de dinero no entran dentro de esta observación. La relación entre dinero y crecimiento personal está basada en la vida de grandes escritores, artistas, inventores y personajes de la historia que han sido mi inspiración para escribir estas líneas por su reconocimiento y por mostrar sus grandes potenciales con ideas innovadoras.

Como *coach* de abundancia, uno de mis propósitos principales es proponer ejercicios prácticos para que puedas mejorar tu relación con el dinero. Aquí te dejo tres ejercicios que puedes practicar:

a. Una afirmación poderosa: Repite la siguiente afirmación todos los días e intenta hacerlo con seguridad. La seguridad es sostenida por la fe inamovible que depositas en el universo. Si reconoces el poder de tus pensamientos, poco a poco tu mente irá aceptando la nueva creencia, manifestando nuevos cambios en tu entorno.

«El dinero potencia mis capacidades y me permite tener armonía en todo lo que hago».

b. Medita contando dinero: el segundo ejercicio que puedes hacer para sanar tu relación con el dinero requiere pocos minutos por la mañana y funciona utilizando el sentido del oído, el tacto y el olfato. Haciendo una pequeña meditación, toma unos cuantos billetes. Cierra tus ojos y visualiza que estás contando grandes cantidades de dinero. Imagina que los billetes que tienes en la mano son del valor más grande en tu moneda local. Escucha su sonido cuando pasas cada billete, percibe el olor del dinero y, sobre todo, hazlo cuando no tengas interrupciones. Lo ideal es que definas una cantidad específica cada vez que vayas a hacer el ejercicio.

c. El sobre de la abundancia: en el último ejercicio, escribe en un sobre la cantidad de dinero que quieres en un determinado tiempo. Puedes utilizar una frase como la siguiente: «Querido universo, voy a recibir 10.000 dólares». Es importante que las cantidades vayan acorde a tus ingresos, a tu estilo de vida y a las posibles entradas de dinero que puedas tener. Recuerda que es un ejercicio realista. Debes creer que lo vas a recibir. Finalmente ve introduciendo dinero al sobre de forma constante, hasta que llegues a la cantidad deseada.

La energía del tiempo

Si eres de las personas que repite siempre expresiones como: «No tengo tiempo», «El tiempo pasa muy rápido» o «No me queda tiempo para nada», debes sanar la energía del tiempo en tu vida.

Creer que no tienes tiempo es lo mismo que decir «No tengo vida». La vida la medimos en base al tiempo que llevamos viviendo en el mundo. Si la abundancia es la gran cantidad de algo y tú crees que no tienes tiempo, es como si te desconectaras de tu abundancia.

Algunas recomendaciones prácticas para sanar nuestra relación con el tiempo se basan en las siguientes ideas:

- No vas a poder recuperar el tiempo perdido.
- El pasado no lo puedes modificar.
- No sabes cuánto tiempo vas a vivir.
- El tiempo se desperdicia en ilusiones llamadas preocupaciones.

De acuerdo a las ideas anteriores... ¿cómo es tu relación con el tiempo?

Para sanar la energía del tiempo aquí te dejo tres recomendaciones:

a. Planificación diaria, semanal, mensual y anual. No hay nada como planificar tus objetivos a corto, mediano y largo plazo. Para ello, te recomiendo que utilices herramientas como: agendas, plantillas o aplicaciones que te permitan tener una hoja de ruta para cumplir tus objetivos y mejorar tu productividad.

b. El poder de perdonar: el perdón es una de las mejores prácticas para soltar y sanar las desavenencias del pasado. Si aún tienes algún recuerdo que sanar, empieza por perdonarte a ti mismo por haberlo vivido y luego perdona a los demás. Recuerda las ideas anteriores sobre la importancia de sanar el tiempo.

c. La importancia de delegar: siempre es bueno identificar las tareas que se pueden delegar para dedicar nuestro tiempo a las actividades que pueden marcar un avance importante en nuestras vidas. Todo lo que no sea importante de hacer pero que sea urgente, puedes delegarlo a personas o aplicaciones que te ayuden a ser más productivo.

Las 7 claves para tener una mentalidad abundante

Si alguien me hubiera dicho que en un futuro iba a encontrarme escribiendo estas líneas con la intención de ofrecer una mirada hacia el desarrollo personal a través de mi pasión por el tema de la abundancia, no me lo hubiera creído.

La abundancia es un concepto que he estado estudiando en profundidad desde que pude experimentar las primeras manifestaciones de prosperidad en mi vida.

Tengo que confesar que cuando comprendí la importancia de saber enfocar la abundancia hacia los resultados deseados, mi objetivo principal a diario es el de adoptar una mentalidad abundante de forma consciente.

Pero este capítulo sobre la abundancia no se trata de mí. Por el contrario, me encantaría que tú pudieses experimentar dichos cambios y des fe a lo que escribo en estas líneas a través de las siete claves que voy a darte a continuación.

¿Cuántas veces nos hemos sentido vacíos esperando el momento perfecto para darle la bienvenida a las oportunidades y a la prosperidad?

Hablar de abundancia no es un tema muy común y menos cuando existe una sociedad en donde la información masiva va enfocada hacia la escasez.

He aprendido, como *coach* de abundancia, que el hecho de saber discernir entre lo que me puede beneficiar y perjudicar es crucial para atravesar una experiencia de vida placentera. Un poco como la pastilla roja y la azul de esa película taquillera de los años 90.

Tú tienes la responsabilidad de elegir la información relevante para tu crecimiento personal y eso determina el tipo de experiencias que vas a vivenciar.

La abundancia yo la resumo en una frase: *«La Totalidad manifestada en la realidad».* Recuerdo cuando estaba buscando información sobre el tema. En varios diccionarios leía la siguiente definición: «la gran cantidad de algo». Sinceramente nunca me ha gustado esa definición porque pareciera que ese algo aparece de la nada. Decir que la abundancia es la gran cantidad de algo nos exime de la valiosa responsabilidad que supone ser los autores de la realidad que observamos.

Por el contrario, afirmar que la abundancia es la *«Totalidad Manifestada»* nos hace responsables de lo que pensamos.

Tú eres el creador de la realidad que se manifiesta a través de tus pensamientos. Tu sistema de creencias revela tu nivel de abundancia. El problema radica cuando las manifestaciones son esporádicas a causa de las inseguridades, los miedos o las creencias en la suerte y la casualidad.

Tener una mentalidad abundante nos libera de suposiciones. Somos conscientes de que ha sido nuestra mente la creadora de los resultados que percibimos en el presente y esto alimenta la confianza que hay en el poder de nuestros pensamientos. Por ello es importante tener en cuenta estas siete claves para entrenar la mente a vivir con abundancia.

1.   «YO SOY ABUNDANCIA»

Tomar conciencia sobre esta afirmación es el primer paso para tener una mentalidad abundante.

Si bien fuimos creados por la energía del universo, esto supone que nuestra capacidad de creación de una realidad que se adapte a nuestros ideales es solo una cuestión de enfoque y persistencia.

Este es el primer ejercicio que te propongo para mantener una mentalidad abundante:

La mejor forma de recordar cada día que somos seres llenos de luz y energía ilimitada es gracias al autoconvencimiento.

Inicia con pequeñas manifestaciones en tu realidad. Enfoca tu mente hacia un objetivo en donde tengas un gran porcentaje de seguridad de que lo vas a conseguir. Trata de ser claro con el objetivo. El ejercicio no funciona si lo haces un día sí y otro no. La idea es que no dejes de hacerlo hasta que se cumpla y luego tomar otro objetivo y así sucesivamente.

Escribe tu objetivo en una hoja y ponlo en un lugar visible. Debajo, escribe una afirmación poderosa que te ayude a recordar que eres un ser creador. Por ejemplo:

Mi objetivo es: «Tener ingresos de 3000 USD mensuales gracias a mi trabajo».

Mi afirmación poderosa es: «Poseo una mente abundante capaz de atraer dinero a mi vida».

2. Ten claridad con lo que quieres

Tener claridad en los objetivos deseados es el matiz que diferencia a las personas que materializan fácilmente de aquellas que esperan una vida para ver pequeños resultados.

La claridad se basa en el grado de autoconocimiento que una persona tenga de sí misma y de lo que quiere vivir. Los pensamientos que emanan de su mente son distintos de los que crea una persona insegura y con dudas de su potencial.

Si no tienes claro lo que quieres para tu vida, pregúntate:

- ¿Qué habilidades siento que poseo y que no he desarrollado aún?
- ¿Cómo me veo dentro de cinco años?
- ¿Qué actividad altruista puedo aportar al mundo?
- Si el dinero no fuera un impedimento para hacer lo que quiero... ¿A qué me dedicaría?

3. Practica el desapego

El desapego se puede resumir en la siguiente frase: «Tanto si lo quieres como si no lo quieres, solo importa la experiencia que te ha conducido a crearlo». Es decir, evita el apego emocional y material al resultado que quieres porque, en el caso que no lo obtengas o lo pierdas, lo más importante ha sido la experiencia.

Desapegarnos de los resultados materiales nos exonera de suponer los posibles caminos para conseguir nuestros objetivos, dejando todo en manos del universo. Lo más interesante de vivir desapegados del resultado está en el hecho de que pueden manifestarse eventos mil veces mejores de lo que jamás podríamos imaginar.

Para desapegarnos de lo que «creemos» que es bueno para nosotros es importante que dejes de enfocarte en dos preguntas:

- ¿Cómo lo voy a conseguir?
- ¿Cuándo lo voy a conseguir?

Para ello repite afirmaciones que puedan ayudarte a potenciar el valor del desapego. Una de las afirmaciones que puedes usar es:

«Confío que la divinidad me va a ofrecer las mejores oportunidades».

4. LA FE ELIMINA LA INSEGURIDAD

Dejando a un lado la relación que hay entre la fe y la religión, me gustaría exponerte la importancia que tiene la fe para una mente abundante.

La fe es la capacidad de confiar en el poder creador.

La fe es la confianza que crece dentro de ti porque eres consciente de que tus sueños están a punto de llegar.

La fe es la seguridad que tienes de saber que tus deseos se materializan.

La fe es el agradecimiento a la vida porque te está donando todo lo que mereces.

La fe es ese paso al vacío donde dejas tus prejuicios con la certeza de que los acontecimientos futuros son diseñados para tu bienestar.

Tener fe no es materializar cosas o situaciones específicas. De hecho, la mente abundante es consciente de que todo lo que le rodea es abundancia. Cada cambio, resultado o experiencia que sea revelado es materializado por el grado de fe que se haya puesto en esa idea. Mi única recomendación con esta clave es la de visualizar el objetivo que quieres conseguir y unir la fe al desapego de no conocer ni «cómo» ni «cuándo» lo vas a obtener.

5. EL PODER DE LA INTENCIÓN PARA MANTENER UNA MENTALIDAD ABUNDANTE

¿Conoces el poder de las intenciones?

Este ejercicio es uno de los últimos que estoy probando y tengo que admitir que funciona muy bien. De hecho, la palabra *intención* tiene un pequeño matiz de acción y emoción, lo que ha hecho que se convirtiera en una de mis palabras favoritas.

Las intenciones son como las afirmaciones con la diferencia de que te motivan a actuar y disparan en tu interior una emoción positiva al decirlas en voz alta.

Prueba esto:

Escribe una intención por semana (para empezar), luego ya irás aumentando.

Te voy a dejar un ejemplo:

Semana 1: Mi intención es vender 100 paquetes de café, tener tiempo para mi familia y leer un libro en esta semana.

Como puedes ver, lo que no debe faltar es la expresión inicial «Mi intención». Luego puedes escribir de forma específica lo que quieres cumplir en esa semana. Recuerda no poner nada negativo. Solo acciones y deseos positivos.

6. EL PODER DEL ANCLAJE EMOCIONAL

Sin lugar a duda, las emociones forman una parte indispensable que nos ayuda a mantener un estado de abundancia constante y consciente. Crear un anclaje emocional te puede ayudar a activar una emoción positiva, como si fuese el interruptor de la luz.

Para ello puedes seguir los siguientes pasos:

a) Crea un movimiento voluntario que sea diferente a tus expresiones habituales. Puede ser algo sencillo y fácil de hacer en cualquier lugar donde te encuentres. Crear dicho movimiento será el *switch* que activará la emoción que vamos a anclar.

b) Una vez tengas el movimiento voluntario, ahora debes recordar un momento de tu vida en el que te hayas sentido abundante y feliz. Ese momento de plenitud será el que vamos a activar con el movimiento voluntario.

c) Ahora repite el movimiento y, cada vez que lo hagas, recuerda la emoción. Deja que pasen algunos minutos y vuelve a repetir el procedimiento hasta que sientas que cada vez que haces ese movimiento tu cuerpo siente la emoción del recuerdo y tu mente lo recrea.

Este es un anclaje sencillo que te puede ayudar a activar una emoción específica en los momentos cuando tengas sentimientos de carencia.

7. Enfócate en lo que tienes y no en lo que necesitas.

Uno de los mayores errores que cometen las personas es fijar sus pensamientos en las necesidades. Esta clave es muy importante porque tienes la posibilidad de desviar tu enfoque desde dos puntos de vista distintos que igualmente son útiles para mantener una mentalidad abundante.

El primero es *agradecer todo lo que tienes*. Dedicar el día a agradecer cada cosa que te hace sentir abundante es una buena forma de entrenar la mente y cambiar el paradigma de la carencia y las necesidades. Para ello, puedes eliminar y cambiar expresiones como: «Necesito», «Quisiera tener», «Me gustaría tener», «No tengo», por decir solo «Gracias».

El segundo es *agradecer por lo que está por venir*. Aquí entran en juego la fe y la creatividad, que contribuyen a generar eventos hipotéticos en los que ya has conseguido lo que querías. En pocas palabras, puedes dar gracias por adelantado por lo que sabes que deseas y que está por venir.

Un viaje que no tiene fin

Hasta aquí hemos llegado en un viaje que no tiene fin. Hablar de abundancia tiene la misma dimensión que la palabra misma. La idea principal que quiero que tengas presente cuando realices los ejercicios anteriores es recordar el poder que hay dentro de ti.

No importa cómo has llegado a este conocimiento. Lo importante es saber que siempre hay caminos que podemos atravesar y que nos ayudan a vivir nuevas experiencias.

Vivir con abundancia no significa tener mucho dinero en la cuenta bancaria ni tener decenas de líneas de inversión en ingresos pasivos. Hay personas que viven con poco y se sienten abundantes con la vida que llevan.

Vivir con abundancia es tomar consciencia de que estamos en un presente lleno de oportunidades, salud, amor, riqueza, prosperidad ,y todo lo que somos está reflejado en lo que pensamos, sentimos, hacemos y el entorno que nos rodea.

Adquirir una mentalidad abundante nos ayuda a mejorar la calidad de nuestros pensamientos. Cada vez somos más selectivos con la información que percibimos porque somos conscientes de las repercusiones que una creencia limitante pueda tener en nuestra realidad.

Una vez que el entrenamiento hacia una «mentalidad abundante» se convierta en un estilo de vida, volver atrás será una ilusión. Las relaciones, los medios de comunicación y todo lo que vivías en el pasado será solo un recuerdo.

Cuando mantengas la mentalidad abundante, no querrás vivir de otra manera. Enseñarás a las personas tu estilo de vida y ellas se convertirán en tu mayor recompensa. El aporte que hagas a tus seres queridos será la certeza de que vivir con abundancia es factible y posible si se delimita el acceso a cierta información y se aprende a esclarecer los deseos de cada persona.

Recibirás una satisfacción personal enorme no solo por el «salto cuántico» que dará tu vida, sino también por las repercusiones que tendrá este conocimiento en las personas que te rodean.

LINDA MONROY
@lindamonroyes

Nacida en las verdes montañas donde se gestó la independencia colombiana, el espíritu libre de esta mujer la ha llevado a viajar por el mundo desde sus 17 años. Nació el mismo año que la nave espacial Voyager 2 transitaba cerca de Urano, en 1986. Al igual que la nave, su pasión por conocer nuevas culturas ha hecho brotar en su corazón el propósito de ayudar a las mujeres a tener una vida abundante a través del desarrollo personal.

Con el apoyo de su esposo y sus inseparables hijos, en el 2019 autopublicó su primer libro, *30 ejercicios para atraer abundancia*. A principios del 2021 fundó la Academia de la Abundancia (academiadeabundancia.com), donde comparte talleres, cursos, entrenamientos y programas sobre desarrollo personal.

ROSA CODOÑER

GUÍA DE VIAJE AL INTERIOR DE UNO MISMO

El desarrollo personal se convierte en una de las experiencias más apasionantes que se puedan vivir en la vida, nos permite explorar, entender y desarrollar la maravillosa y milagrosa magia de nuestra mente; esta será el vehículo a través del cual realizaremos este viaje, y nuestro propósito en la vida será la brújula en este camino. Una vez iniciada la ruta, aprenderemos las leyes que rigen el funcionamiento del universo, cada una opera en coordinación con la otra, es un único y ordenado método a través del cual la energía del universo se mueve y vibra, siendo, entre ellas, la ley de la atracción la ley más grande e infalible de la que depende todo el sistema de la creación y, cuando las aplicamos, lograremos dominar la vida a nivel físico.

Encontrar nuestro propósito y objetivo en la vida es crucial, pues será nuestra guía y nuestro mapa en este viaje y nos ayudará a no desviarnos de nuestro camino, es como el testamento que legamos a la persona que ya somos. Todo el mundo nace con un único propósito, cuando estemos viviendo y realizando nuestro propósito en la vida, seremos plenamente felices.

En este camino desarrollaremos unas facultades mentales o sentidos superiores a través de los cuales podemos desenvolvernos en el mundo y que nos permiten ver la realidad que nos rodea de una manera diferente a como lo hacemos con nuestros sentidos ordinarios; se trata de desplegar esas facultades creativas que poseemos, de las que la mayoría de las veces no somos conscientes, y desconocemos lo que somos capaces de realizar a través de ellas.

Veremos más allá; a través de nuestra imaginación oiremos esa pequeña voz que está en nuestro interior, nuestra intuición, que continuamente nos habla si le permitimos que lo haga y aprendemos a escucharla, la que siempre nos dice la verdad; nos daremos cuenta de esos pequeños sentimientos, emociones, corazonadas y nos dejaremos guiar por ella con nuestra voluntad. Prestaremos atención a estos sentidos superiores hasta el punto de que podamos, con nuestra percepción, reconocer el mundo interior de cada persona, lo que piensa, lo que siente, sintonizar con la conversación que nuestro subconsciente constantemente trata de mantener con nosotros. La comprensión de estas capacidades logrará que podamos ver, sentir y comprender más allá del mundo físico que nos rodea.

Nuestros sentidos superiores, la lupa a través de la cual vemos el mundo

De entre todos los sentidos superiores que poseemos, imaginación, intuición, voluntad, memoria, razón y percepción, la herramienta más poderosa que todos tenemos es **la imaginación**, es la llave que abrirá el resto de las facultades de que disponemos. Nuestra mente es un buscador de imágenes, crea nuestras vidas, nos convertimos en lo que pensamos, el poder de la imaginación nos hará infinitos, nacimos con esa magia, disfrutamos de ella por el simple hecho de ser humanos, lo único que tenemos que hacer es darnos cuenta de ello, desarrollarla y usarla, esto es lo que separa a los que viven una vida de ensueño de los que no, vivir con la constante imagen de ese sueño nos llevará a ese fin.

En el camino a nuestro destino debemos darnos cuenta de cualquier carga mental negativa que arrastremos o cualquier falsa idea que tengamos sobre la persona que realmente somos, de las limitaciones que creemos que tenemos o la culpabilidad con la que cargamos, y abandonar la idea de que ello nos descalifica para poder tener el futuro que queramos. Identifiquemos esas limitaciones para después dejarlas ir. Anotemos en un papel cualquier pensamiento negativo y quemémoslo.

Es curioso como en mi tierra, Valencia, una de las más arraigadas tradiciones de nuestra fiesta es la de quemar aquello que ha ido mal durante el año y que, en forma de sátira, plasmamos en unos *ninots* —figuras esculpidas en cartón— en las Fallas y que al final, en una maravillosa fiesta y ritual, quemamos el 19 de marzo. Invito a todo el mundo a contemplar este maravilloso espectáculo de la destrucción, mediante el fuego, de todo lo negativo acontecido durante el año. De esta manera queremos enviar un mensaje claro a nuestro subconsciente de que ya no va a interferir en nuestro futuro y podamos creer que la persona que somos en este momento está perfectamente equipada para cualquier cosa que deseemos tener y queramos ser.

Toda la magia ocurrirá en el momento que aprendamos a activar nuestra imaginación. Prestemos atención a las imágenes que mantenemos en nuestra mente, no se trata de cambiarlas ni juzgarlas, simplemente de darse cuenta de cómo nuestra imaginación funciona, cómo se comporta y en qué se fija, y tomemos nota de ello. Examinar esas imágenes internas y buscar de qué manera se conectan con nuestra vida exterior y empezar a encontrar conexiones relevantes constantemente.

Hay que hacerse la maravillosa pregunta que nos abrirá un universo nuevo por explorar: «¿Qué es lo que realmente queremos?». Hay mucho más de lo que somos capaces, mucho más de lo que nos hemos permitido poder imaginar y te voy a empujar a que traspases esos límites, a que vayas más allá de lo que tu mente nunca haya imaginado, a que hagas cosas que nunca has realizado antes. De lo que no debes preocuparte es cómo vas a hacer o tener aquello que quieres; una vez exista en tu mente y te focalices en esa dirección, es cuestión de tiempo que se manifieste en el mundo material.

Poner en práctica nuestras más altas facultades mentales nos permitirá desarrollar la **intuición**; esa directa percepción de la verdad de los hechos, independiente de cualquier proceso de razonamiento, ese conocimiento o saber interior, esos presentimientos o corazonadas, esas coincidencias son importantes mensajes del saber universal cuyo propósito es guiarnos en la dirección correcta. Nos sorprendería con qué frecuencia la voz de la intuición trata de alcanzarnos durante el transcurso del día. Nuestra intuición nos habla constantemente, pero aun creyendo que esto es verdad, puede ser difícil oír qué nos está diciendo en medio del ajetreado ruido de la vida cotidiana.

El secreto para oírla es el simple acto de aquietar nuestra mente. Tan solo necesitamos un lugar tranquilo, donde nadie nos pueda distraer o molestar, que estemos cómodos, sentados o tumbados y permitirnos estar presentes, aquietar nuestros pensamientos y estar preparados para la increíble información que vendrá a través de nuestra intuición.

La respuesta que buscamos está siempre disponible, está ahí, no necesita ser creada, este es uno de los conocimientos más poderosos que uno puede descubrir, nuestros deseos entonces se convierten en expectativas. Si la respuesta está ahí ya no hay ninguna necesidad de buscar sino de escuchar, solo se trata de sintonizar y estar dispuesto a recibir lo que ya es, si la respuesta está ahí, los errores y reveses pierden su valor y nos encontramos con más poder. La respuesta está siempre, si estamos dispuestos a escucharla.

Una de las facultades que nos permitirá llegar allí donde queramos es la **voluntad**, ese poder mental que nos proporciona la habilidad de mantener una idea excluyendo cualquier distracción del exterior. El poder de la voluntad es esta capacidad que nos permite focalizarnos y concentrarnos y no dejarnos llevar o arrastrar por las circunstancias que nos rodeen, a pesar de que las circunstancias parezcan estar en contra de lo que deseamos, de nuestro objetivo, de esa situación ideal que hemos creado con nuestra imaginación. Es nuestra fuerza de voluntad a través de la concentración la que nos permite perseguir nuestro objetivo sin tener en cuenta las circunstancias negativas o distracciones que haya a nuestro alrededor, mantener esa imagen positiva en nuestro inconsciente se expresará en pensamientos, sentimientos y acciones que se manifestarán en el mundo exterior en resultados y una expectativa positiva de lo que va a acontecer en nuestro día a día o en nuestra vida nos ayudará a que nos convirtamos en aquello que pensamos.

Un espacio sagrado que poseemos es **la memoria**, desarrollarla no solo en presente o pasado, sino también en futuro, nos acercará a ese perfecto estado de nuestra mente que crearemos según nuestros deseos. Nuestra mente está llena de memorias, algunas de ellas son valiosas y dignas de ocupar esta maravillosa cosa que piensa, asegurémonos de que estas memorias que permitimos que ocupen nuestro precioso espacio mental son importantes en un sentido positivo para convertirnos en la persona que queremos y la vida que queremos crear; si, por el contrario, nuestra memoria no refleja o sostiene nuestra visión de futuro, démonos cuenta de ello y dejémoslas atrás. Creemos recuerdos en nuestra mente de las cosas que queremos que pasen y sintámonos como si ya hubieran ocurrido o se hubieran manifestado en nuestra vida y reflexionemos sobre ellas y sobre lo bien que nos hacen sentir. Debemos custodiar y salvaguardar bien las puertas de nuestra mente, es un valioso lugar y toda clase de cosas intentan entrar, algunas buenas y algunas malas, y ello depende completamente de nosotros; somos los verdaderos y únicos maestros de nuestra mente y de nuestra memoria, no lo olvidemos.

Encontrar en **la razón** —la habilidad de pensar apropiadamente— un estado de armonía entre nuestros pensamientos y nuestra intuición. Es común equiparar la razón con ser razonable, pero de hecho son muy distintas; a menudo ser razonable significa oprimir o sacrificar tus propios sueños y objetivos por miedo a ir en contra de la mayoría o decepcionar a alguien sobre lo que piensa que es aceptable o posible. Permitámonos ser irrazonables y demos el salto a lo desconocido, reconoceremos el camino correcto cuando nuestros pensamientos e intuición estén alineados, dejémonos guiar por nuestra voz interior. Si funcionamos en piloto automático y siempre hacemos lo mismo, obtendremos los mismos resultados. Si queremos lograr algo diferente en la vida, algo mejor, tendremos que tomar el control de las marchas de nuestra vida. Utilicemos la razón para realizar una auténtica reflexión y poder sintonizar con nuestro ser más superior.

Nuestro punto de vista, **la percepción** —esa habilidad de definir, de la manera que elijamos, los hechos o circunstancias que acontecen en nuestra vida—, supondrá las lentes a través de las cuales veamos el mundo; si cambiamos nuestro punto de vista, nuestra vida entera cambiará. Tenemos el poder de decidir, el poder de dar forma y darle el significado que nosotros queramos a cualquier situación o acontecimiento. Como Shakespeare decía: «No hay nada bueno o malo, es el pensamiento el que lo hace parecer así».

La respuesta a cualquier clase de problema o desafío ya está ahí. Es nuestra percepción la que nos dice que podemos o no resolver el problema. La percepción crea nuestra realidad y cómo la vemos. Nuestra percepción está formada por una multitud de ideas y creencias adquiridas a lo largo de los años y que se encuentran en nuestro subconsciente, son las que nos hacen ver las cosas de la forma en la que lo hacemos. Tenemos la habilidad de cambiar nuestra percepción, reprogramándola con repetitivas afirmaciones en sentido contrario y a través del agradecimiento continuo por todo lo que tenemos y, cuando lo hagamos, nuestro universo entero cambiará.

La ley de la atracción rige el orden del universo

En este camino aprenderemos que las leyes que rigen el funcionamiento del universo son leyes perfectas que crean una función perfecta de lo físico. El universo, su simetría, la perfección de su diseño —desde el cuerpo más grande a la partícula más pequeña—, sus relaciones son mucho más complejas de lo que nuestra comprensión actual puede abarcar. ¿Cómo podemos entonces conocer esas leyes? ¿Cómo podemos aprenderlas? Muy sencillo, a través de la tranquilidad de la mente, del silencio del mundo exterior, para que podamos ver nuestro mundo interior. Dejemos de estar preocupados por la realidad externa y tratemos de mirar hacia dentro lo máximo que podamos. No hay nada que no podamos ser, nada que no podamos hacer y no hay nada que no podamos tener. Tenemos un potencial ilimitado en todo lo que hayamos elegido hacer, bendigamos pues a toda persona y condición y demos siempre gracias. En el mundo nada ocurre por accidente y no existe nada parecido a la casualidad, el azar o el destino. Cada acontecimiento es convocado hacia nosotros por nosotros mismos para que podamos crear y experimentar quiénes somos realmente. La más magnífica enseñanza es que tendremos todo lo que pidamos, lo único que hace falta es que lo sepamos reconocer, ya que somos los creadores de nuestra realidad y la vida no nos puede descubrir otro camino más que el que nosotros pensemos. Nuestro pensamiento es el que da origen a todas las cosas. Esta es una de las leyes que hemos de recordar.

En esta ruta al interior de uno mismo descubriremos que la ley que rige todo el orden del universo en cada momento de nuestras vidas y en todas las cosas que experimentamos es la **ley de la atrac-**

ción. Nuestros pensamientos controlan nuestras creencias y nuestra vibración, y esta dictamina qué es lo que atraemos. Cuando no nos sintamos bien, démonos cuenta de lo que estamos pensando, y entonces pensemos en algo agradable. Todos nos guiamos por las mismas leyes del universo, todos trabajamos con un poder, la ley de la atracción, todo lo que llega a nuestras vidas es atraído a nosotros en virtud de las imágenes que mantenemos en nuestra mente, lo que pensamos es lo que estamos atrayendo hacia nosotros. Somos como un imán y un imán atraerá hacia él todo, así que tengamos una imagen clara de lo que queremos y nos convertiremos en aquello que pensamos y, más importante, atraeremos todo aquello en lo que más pensamos. Los pensamientos se convierten en cosas, muchos piensan en lo que no quieren y esto es lo que aparece una y otra vez. La vida es la manifestación física de los pensamientos que discurren en su cabeza. La mente está moldeando las cosas que están siendo percibidas.

Cada uno de nosotros somos como el Miguel Ángelo que esculpe su vida. Tenemos que darnos cuenta de cuáles son nuestros pensamientos porque nosotros somos la obra maestra, el David eres tú y te estás esculpiendo con tus pensamientos, estos producen unos sentimientos buenos o malos, sustituye estos malos pensamientos, esas malas vibraciones, por sentimientos de gratitud, amor, alegría, pasión, entusiasmo, felicidad. Imaginemos que podemos sentir eso todos los días; cuando celebremos esos buenos sentimientos, estaremos atrayendo, diseñando y creando mejores pensamientos.

El paradigma del proceso creativo

Tus pensamientos y tus sentimientos crean tu vida. Es importante sentirse bien porque esta es la señal que sale al universo y empezaremos a atraer más cosas que nos hagan sentir bien; pide, desea y cree que es ya tuyo, sintiéndote de la manera que te sentirías si ya fuera tuyo. Este es el paradigma del universo, tenemos todo lo que elegimos tener en este momento, pero no experimentaré tenerlo hasta que sepa que lo tengo; el saber precede a la experiencia y no al revés.

No pensemos que si al *tener* alguna cosa, lo que sea, tiempo, dinero, podré finalmente *hacer* algo, escribir un libro, ir de vacaciones, iniciar una relación, lo que nos permitirá *ser* feliz, pacífico, alegre, enamorado. El paradigma del universo es en realidad opuesto, es *Ser-Hacer-Tener*, el «tener no produce ser», sino todo lo contrario. Primero seamos felices o pacíficos o sabios, cualquier cosa que queramos ser, y después empezaremos a hacer las cosas desde esa perspectiva de ser y descubriremos que lo que estamos sintiendo termina proporcionándonos las cosas que siempre deseamos tener. La forma de poner en marcha el proceso creativo es saber qué deseamos tener y pensar lo que *serías* si *tuvieras* eso. Si lo establecemos correctamente, podremos trabajar con la fuerza creativa del universo, en lugar de contra ella. La vida se trata de sentir, no de hacer, todo es cuestión de lo que estás sintiendo y así es como el dramaturgo inglés Shakespeare lo expresó en su famosa frase «Ser o no ser, ese es el dilema».

La felicidad es un estado mental que se siente en el interior de uno mismo y al igual que todos los estados mentales se reproduce en forma física. Cómo podemos ser más felices, siendo felices. Para expresar este principio hay que captar el vínculo entre «no ser muy feliz» por no «tener el tiempo, dinero y amor que se desea». Por otra parte, la persona que está «siendo feliz» parece tener tiempo para hacer todo lo que es realmente importante, todo el dinero necesario y suficiente amor para que dure toda la vida. Cómo pueden ser cualquier cosa que intenten, ser «más feliz», «más rico», «más amado», si no tienen lo que piensan que necesitan para ser eso; compórtate y procede como si lo tuvieras y atraerás la felicidad hacia ti. Actúa como si lo fueras y en eso te convertirás, pero hazlo con sinceridad o se perderá el beneficio de la acción.

La ley natural requiere que el cuerpo, la mente y el espíritu estén unidos en pensamiento, palabra y acción para que el proceso de creación funcione; no podemos engañar a nuestra mente. Si no somos sinceros, tu mente lo sabe y terminarás con cualquier posibilidad de que esta pueda ayudarte en el proceso creativo. Una vez tengas un pensamiento nuevo respecto a algo, estás en camino de crearlo como un aspecto de tu ser, la acción debe ser sincera, no puedes manipular el universo. ¿Cómo puede la mente de alguien agregar sinceridad cuando no cree en lo que está haciendo el cuerpo? La mente quizá no pueda aceptar con sinceridad que las acciones del cuerpo pueden proporcionarte lo que eliges, no obstante, la mente sabe que a través nuestro puede proporcionar cosas buenas a otras personas, por tanto, lo que elegimos para nosotros démoslo a otras personas. Si eliges ser feliz, haz que otra persona sea feliz. Si eliges ser próspero, haz que otra persona sea próspera. Si eliges más amor en tu vida, haz que los demás tengan más amor en la suya. Haz esto con sinceridad y no porque busques un beneficio personal, sino porque en realidad deseas que la otra persona tenga eso y todas las cosas que des, vendrán a ti. El solo acto de que demos algo hace que sintamos que lo tenemos para darlo. Puesto que no podemos dar a otra persona algo que no tenemos ahora, tu mente llegará a una nueva conclusión, debe tenerlo o no podría darlo. Este pensamiento nuevo se convierte en tu experiencia, empiezas a ser eso, poner en marcha la máquina de creación más poderosa en el universo, lo que estás siendo lo estás creando. El círculo es completo y crearás más y más de eso en tu vida, se manifestará en tu experiencia física. Este es el mayor secreto de la vida. El universo no es otra cosa que una máquina copiadora que reproduce tus pensamientos en forma física. Podemos ser, hacer y tener cualquier cosa que seamos capaces de imaginar.

La alquimia del universo

La emoción es la fuerza que atrae, es energía en movimiento. Si se mueve energía suficiente, se crea materia, esta no es más que energía comprimida. Esta es la alquimia del universo. Este es el secreto de la vida. El pensamiento es energía pura. Cualquier pensamiento que tengamos, hayamos tenido o vayamos a tener es creador. Por lo que tengamos pensamientos positivos sobre nuestro futuro, vivámoslos y disfrutémoslos y es lo que atraeremos.

En la vida nada es bueno o malo, hasta que lo relacionamos con otra cosa y existe su polo opuesto; tiene que ver con el dualismo: todo existe en relación con algo más. No hay una persona que sea completamente mala o completamente buena. No existe algo enteramente caliente o enteramente frío, siempre lo es en relación con algo que es más frío. Nosotros nos movemos desde algo desagradable a algo agradable. Todo tiene su contrario, bueno, malo, arriba, abajo. Constantemente miremos el lado bueno de las personas y de las situaciones y la idea positiva en nuestra mente nos hará sentirnos bien y siempre recuerda que las buenas ideas atraen buenas vibraciones. Hay buenos y malos tiempos, la marea sube y baja, la noche sigue al día, cuando te sientas mal, las cosas cambian y les seguirán otras buenas; buenos tiempos vienen, piensa en ellos. El sentimiento del amor es la más alta verdad, es todo lo que hay, todo lo que ha habido y todo lo que habrá. El temor es el otro extremo del amor, es la polaridad en la esfera en la que vivimos en el plano físico hay únicamente dos lugares del ser: el temor y el amor. Los pensamientos que tengamos que estén arraigados en el temor producirán un tipo de manifestación en el plano físico, y los pensamientos arraigados en el amor producirán otro.

El proceso de la vida

En este viaje al interior de uno mismo, el tiempo no existe, todo está sucediendo ahora. Observa un reloj de arena, el punto central donde se estrechan las dos esferas y pasa la arena a través, es el único tiempo que realmente existe. El pasado que recuerdas y futuro que verás es el ahora que simplemente está transcurriendo. Lo que llamamos tiempo y espacio son la misma cosa. Todo está sucediendo justamente aquí, en este momento. Nada de lo que ves es real, estás viendo la imagen de lo que alguna vez fue un evento; sin embargo, incluso esa imagen, esa explosión de energía, es algo que estás interpretando. Tu interpretación personal de esa imagen se llama tu imaginación. Puedes hacer uso de tu imaginación para crear cualquier cosa, porque este es el mayor secreto de todos, tu imaginación funciona en ambos sentidos. No solo interpretas la energía, sino que la creas. En tu mente, puedes imaginar algo y eso empieza a tomar forma física; mientras más lo imagines, más física se vuelve esa forma, hasta que la energía en aumento que le diste explota en luz, dando una imagen de sí misma en lo que llamamos tu realidad. Ves la imagen y, una vez más, decides qué es. Así, el ciclo continúa. Esto es lo que se llama proceso y esto es lo que eres. Tú eres este proceso. Constantemente lo aplicamos en la vida cotidiana; la única cuestión es si lo aplicamos consciente o inconscientemente, si estás en el efecto del proceso o si eres la causa de este, en todo sé siempre la causa. La forma más significativa en que podemos aplicar conscientemente esta nueva comprensión es ser la causa de tu experiencia, no el efecto de esta.

Armados con este conocimiento, puedes cambiar tu vida y puedes cambiar tu mundo, esta es la verdad que vine a compartir con vosotros. Mi propuesta con esta guía de viaje es que podamos lograr todos nuestros sueños, nuestros planes, que ese brillo en nuestros ojos nunca se apague y nos neguemos a conformarnos. Las cosas no se amoldan por las circunstancias, sino que somos nosotros quienes moldeamos las circunstancias, o las creamos. Decide qué es lo que quieres hacer y hazlo deliberadamente y recuerda, nos convertimos en aquello que pensamos, si piensas en términos positivos lo lograrás, créelo y lógralo. Al convertirnos en aquello que pensamos, podremos tener y encargar la vida que deseemos según encarguemos nuestra actitud en la vida. El pensamiento correcto es maestría, mantén tu mano firme en el timón de tus pensamientos y lograrás ese equilibrio de carácter, llamado serenidad, que es la lección final de la cultura, el florecimiento de la vida, el fruto del alma.

ROSA CODOÑER
@ Rosa Codoner

Rosa Codoñer, nació en Valencia en 1968. Es licenciada en Derecho, realiza un máster en Derecho Comunitario en King's College University of London y trabaja como abogada en Bruselas. Su afán por descubrir su propósito en la vida le lleva al crecimiento personal, se ha formado con grandes maestros del crecimiento personal, Eckhart Tolle, Joe Dispenza, Bob Proctor y Mary Morrissey, que le han permitido desplegar sus alas hacia horizontes inimaginables y desarrollar aquella chispa que se inició en su más temprana juventud, su amor por la literatura y la escritura.

Escribe en su blog de cine clásico, *cinephilosofy.com*, aportando su visión de crecimiento personal y una mirada más allá de la mera trama argumental.

BIBLIOGRAFÍA

Joseph Murphy, *The power of your subconscious mind.*

James Allen, *As a man thinketh.*

Raymond Holliwell, *Working with the law.*

Maxwell Maltz, *Psico-Cibernetics.*

Wallance Wattles, *The Science of Getting Rich.*

Charles F Haanel, *The Master Key System.*

Rhonda Byrne, *The Secret.*

ANA MARÍA UDINA

NUEVE POR TRES, INFINITO

«¿Qué sentido tiene la vida que llevo?», me pregunté durante mucho tiempo. Hasta que, poco a poco, con pasos cortos, ligeros cambios y empezando a tomar pequeñas pero grandes decisiones, las cosas empezaron a cambiar. Durante toda mi vida (o gran parte de ella) siempre he hecho lo que se supone correcto y lógico. Y puedo afirmar dos cosas. La primera, que no me he divertido demasiado. La segunda, que llegué a encontrarme en una situación en la que no era feliz. A pesar de haber conseguido lo que se supone que hay que tener para serlo, convivía con una desazón y un malestar difíciles de definir. Era una sensación de frustración que tapaba con malos hábitos casi inconscientes. Como el de comer porquerías y en exceso; o el de beber demasiado azúcar camuflado en ricos refrescos.

Siempre me ha parecido curioso el papel de los espejos en los cuentos. Poderosos, reveladores de una verdad que no se quiere ver. Es como si nos pusieran a prueba. Y lo mejor de todo es que no hace falta viajar al mundo de Blancanieves para retarnos. Solo tenemos que respirar hondo y enfrentarnos al espejo de nuestro recibidor. Eso sí, con la suficiente honestidad para asumir en lo que te has convertido y con la suficiente fortaleza para preguntarte «¿Es esto lo que quiero ser?». Si la respuesta es no solo afirmativa, sino un «¡Sí, por supuesto!», adelante, te felicito, no necesitas seguir leyendo. Pero si piensas que la persona que ves no eres tú, si te niegas, si te aferras a alguien que fuiste o que tal vez solo llegaste a ser en tus deseos más privados, mejor no dejes de leer. A mí me llegó ese momento duro, pero también el mejor para ponerse a trabajar. En uno mismo y para uno mismo. Para cambiar la situación, para mejorar, para descubrirse, para curarse, para empezar el camino infinito del desarrollo personal. Porque tu vida es tuya y solo tienes una. A veces, entre tanto ruido que nos rodea, suena una canción que nos acaricia el corazón, que nos recuerda que nunca es tarde para nada. En mi caso, fue al ritmo de *Me dejó marchar*, de Coque Malla con Iván Ferreiro, que empecé este proceso. Y sigo encontrando a buena gente que me ayuda y me apoya; a grandes profesionales que me guían y sorprenden. Y, tal vez, a ti también.

Pero te aviso, en esta aventura del autoconocimiento, no esperes encontrarte las típicas lecciones. Porque son tan únicas como los seres tan singulares que las comparten con el resto del mundo. No sé si por casualidad, suerte, como regalo del destino o por la decisión del algoritmo del buscador de internet, pero... ¡allí aparecieron! Y la mejor manera de compartirlas contigo es con una receta. Una que te ayudará a no convertirte en una persona gris:

INGREDIENTES

- 2 tazas de esfuerzo
- 1 paquete de empeño
- 1 cubito de caldo de alegría y optimismo
- La brújula invisible del psicólogo Rafael Santandreu, esa que te indica el camino menos confortable. **El propósito: elegir la opción que más miedo te da**
- 50 gr de esperanza
- 100 gr de valor
- Infinitas porciones de ilusión
- Muchos huevos
- Todos los vídeos de Borja Vilaseca, agitador de consciencias (con «s») y defensor del vivir despierto. Especialmente, aquellas charlas que promueven **el propósito de ser libre y auténtico**
- 1 cucharadita de humildad
- 5 puñados de disciplina
- 0 gr de pereza

- Un puñadito de sueños de futuro
- Una pizca de miedo
- 1 kg de implicación
- Confianza en la vida

Elaboración

Se recomienda llevar puesta una camiseta como la de Rafael en una de sus muchas entrevistas. La de la calavera dibujada en el pecho, aquella que no deja que te olvides de que, el día menos pensado, la Parca no te dejará marchar. También se admite la opción de disfrazarse de pollo amarillo con medias a rayas rojas, como el disfraz de Borja en su conferencia para gente adulta en la reputada Casa del Libro. El asunto, demostrar con el ejemplo que qué más da lo que piense la gente.

Se mezcla todo según las indicaciones del *coacher* personal y formador Baldi Figueras: «Las prisas matan los sueños». Se pone a fuego suave mientras se añade el caldo de la alegría y el optimismo. Se limpian bien los sueños de futuro y se remoja el miedo con un poco de buen vino. Dejar que se evaporen las cargas más pesadas y que fluyan los sentimientos. Finalmente, se filtran y se separan los problemas para que la luz del sol los disuelva. Así se consigue una masa sin grumos. Se deja reposar durante la noche oscura. A la mañana siguiente, antes de volver a la cocina, se realizan dos minutos de meditación silenciosa para recuperar el control de nuestra atención sobre la receta y lo que haga falta. Agregar el aliño a tu gusto y... ¡a vivir!

Y si hay alguna parte de la receta que te cuesta tanto como para no poder hacerla tú solo, o no encuentras tu brújula, pídele ayuda al chef que más te guste. Y tararea las valientes palabras del cantante Dani Martín en la entrevista que le hizo Carlos del Amor, en el programa *La matemática del espejo*: «Ir a terapia es como ir al gimnasio de las emociones. Todos tenemos un cuarto con un montón de cosas. Algunas hay que tirarlas, a otras hay que pasarles un paño, a otras hay que darles el lugar que merecen. Hay que trabajar el cerebro y el corazón porque son las cosas más importantes de la vida». Por último, se tira a la basura lo que diga la gente.

RESULTADO

Darte cuenta de que tu vida no tiene nada de malo, de que lo has hecho lo mejor que has sabido con lo que te ha tocado, que este es tu camino, un proceso, porque nunca estamos completos del todo, siempre hay un siguiente paso. De que no eres un bicho raro y de que eres capaz de sintetizar tu vida en una narración continua y lógica, no solo en *flashes* o momentos inconexos.

Aparecen el cambio, la autoconfianza, la mejora, el progreso, el autoliderazgo. Y un nuevo plato en el menú representado por una figura geométrica con miles de años de antigüedad:

El eneagrama

Siempre le agradeceré a Borja Vilaseca que me diese a conocer su existencia porque marcó un antes y un después en mi vida. Pero ha sido gracias al enfoque del siguiente emprendedor, Nacho Mühlenberg, que he conseguido que las piezas me encajen. Y no porque este superhipermegaapasionado del tema sea mejor o peor que otros, sino por ser un enemigo acérrimo del encasillamiento y de marcar a las personas con etiquetas. Y es lo que me encanta de su abordaje, el respeto a la esencia de cada uno.

«Cuando comprendes tu tipo de personalidad,
tu vida empieza a cambiar».

Nacho Mühlenberg

La palabra *eneagrama* no forma parte del diccionario de la Real Academia de la Lengua Española. Pero algún día lo hará. Existen buenos libros, infinidad de vídeos e incontables artículos que te lo explican. No tendría sentido repetirlo aquí. Solo permíteme regalarte tres cosas: una minúscula introducción, lo que ha supuesto para mí y una advertencia. ¿Preparado? ¡Vamos allá!

El eneagrama es una herramienta profundísima para el autoconocimiento que describe nueve tipos de personalidad, nueve modelos mentales o formas de ver la vida. Se enfocan en:

1. Ser perfecto
2. Conectar con las persona
3. Necesitar destacar
4. Ser único
5. Sentirse distanciado de las emociones
6. Estar seguro
7. Mantenerse constantemente estimulado
8. Sentirse o ser poderoso
9. Estar en paz

Y estos, a su vez, se dividen en tres subtipos o instintos:

1. Conservación: su instinto es de supervivencia, de búsqueda de la seguridad. Son hábiles a la hora de anticiparse a los sucesos, pero no para negociar y asumir riesgos.
2. Social: le encanta sentirse parte de un grupo, tienen facilidad para crear cohesión social, pero no son muy organizados.
3. Transmisor o sexual: sienten el deseo de mostrarse y atraer, tienen mucha vitalidad y energía para lograr sus objetivos. Son competitivos y pueden llegar a ser dominantes.

Teniendo en cuenta los nueve eneatipos y los tres instintos se obtiene un total de 27 tipos de personalidad diferentes. Ninguno es mejor que otro, ni hay más negatividad en uno que en otro. Pero, en este caso, **nueve por tres son infinito**. Porque, a pesar de que podemos agruparnos de acuerdo con varias características comunes, seguimos siendo tan únicos como lo son nuestras huellas dactilares. Y también como lo es nuestra movida trayectoria vital. ¿Quién le iba a decir a este chico que nació en un pueblo entre el Río de la Plata y Buenos Aires que llegaría a vivir en Barcelona y se convertiría en un defensor incansable de la libertad individual a través de las tres inteligencias: emocional, profesional y financiera? Por eso, también interpreto el eneagrama como un instrumento flexible, dinámico y bidireccional. Porque nosotros también lo somos. No cambiamos de eneatipo ni de instinto predominante, nos sale de forma natural. Pero sí que nos vamos moviendo. Nos equilibramos hacia el centro de la figura o nos desequilibramos con los excesos.

A mí me ha ayudado a conocerme y entenderme; a ser consciente desde dónde y para qué actúo de la forma que lo hago; a encontrar soluciones a mis miedos; a relacionarme mejor conmigo misma y con los demás. Más aún, a aceptarme como un seis, instinto: conservación. Te facilita la vida porque identificas tus propias emociones y manejas tus respuestas frente a ellas. Y, por si fuera poco, empiezas a reconocer los eneatipos de los que te rodean. Y les entiendes, no esperas que cambien, les respetas tal y como son. Yo ya no me siento fatal por haberme olvidado del cumpleaños de cuatro de mis mejores amigas. No me enfado con mi hermano porque le cueste tanto expresar sus sentimientos. Sonrío al descubrir por qué mi hermana siempre ha sido la estrella más brillante de la fiesta. Y luego llega lo mejor, que eres capaz de perdonar al otro y, lo que es más significativo, a ti mismo.

Es más que probable que a estas alturas te estés preguntando cuál es tu eneatipo. Y eso me recuerda algo que nos decía mi abuela a mis hermanos y a mí: «Es muy importante cómo consigues las cosas». Así que, en tu búsqueda de la respuesta, no te aconsejo que la conviertas en un mero resultado, ni que utilices uno de los muchos tests impersonales que hay por ahí para que la resuelva por ti. Encuéntrala a través de tu esfuerzo: investiga, lee, infórmate, fórmate con algún curso, lánzate, olvida lo que ya sabías y aprende de nuevo. Experimenta ese momento en el que saltes con un «¡Ahora entiendo!». O en el que leas la descripción de un eneatipo, la conectes con alguno de los tres instintos y no puedas evitar exclamar «¡Pero si ese soy yo!».

En resumen, vívelo. Porque tal y como nos transmite este ameno y divertido comunicador nacido en 1986, el mismo año en que Freddie Mercury cantaba «*Who wants to live forever*» (quién quiere vivir para siempre), **el propósito es conocerse a uno mismo y empoderarse.** En una escena de la película *Postales desde el filo*, con Meryl Streep y basada en la novela autobiográfica de la actriz Carrie Fisher (la por siempre inolvidable Princesa Leia), el personaje que interpreta Gene Hackman le dice: «En la vida no se madura como en las películas, donde tienes una revelación y tu vida cambia. En la vida tienes una revelación y tu vida cambia un mes más tarde». No sé si es un mes más tarde o no, pero sí sé que es un proceso, y me atrevería a decir que interminable. La vida cambia constantemente y nosotros con ella. Y también es imprevisible. Y, a menudo, más áspera que la lengua de un gato. Por eso, nuestra actitud ante ella y el esfuerzo que le pongamos marcarán la diferencia. Y, quizás, por esta razón (y por muchas más) sería conveniente que todo el mundo conociese el eneagrama, porque es como un mapa que nos guía a través de nuestras cualidades, luces y sombras. Conocernos nos facilita convertir nuestras debilidades en fortalezas. Nos ayuda a descubrir el potencial que hay dentro de nosotros mismos. Y también a mejorar nuestro diálogo interno. Al final de la escena, el personaje de Meryl Streep afirma: «Nada de lo que me dices es tan horrible como lo que yo me digo». Y tú, ¿cómo te hablas a ti mismo?

Y aunque en la vida tampoco suene una banda sonora fantástica en uno de esos momentos en los que es tan fácil dudar de uno mismo, sí puedes sentir un ¡pum! ¡catapum! Es esa señal, ese apoyo inesperado. Esta vez, en forma de video en YouTube. Los causantes involuntarios: Ricardo Moya, con su *night show El sentido de la birra*, y su invitado, un tal Ernesto Sevilla López. Más que una entrevista, parece una charla entre dos amigos sentados en la barra de un bar convertido, por una noche, en un escenario. Y, sin buscarlo ni esperarlo, te encuentras escuchando a este artista de los monólogos, humorista, actor, guionista, director y muchísimas cosas más afirmando: «Al principio lo pasé mal. Hubo un momento de crisis porque hay mucha presión social. Recuerdo la época en que supe que iba a ser otra cosa que todavía no sabía. Y ahí tuve un par de años fastidiados. Pero cuando ya me acepté y me dije yo soy así, y esta va a ser mi marcha, pues para adelante. Y entonces, hay un momento de felicidad absoluta cuando te aceptas, esto es lo que soy, este es mi camino, estas son las cartas que me ha repartido el destino».

El camino no es fácil para nadie. Puede parecerlo cuando ves a alguien que por fin se gana la vida haciendo lo que más le gusta. Aquello de lo que se siente orgulloso, que es útil, que no le hace infeliz a pesar del esfuerzo y los madrugones. Pero no siempre ha sido así. Al contrario, lo han provocado años tomando decisiones arriesgadas acompañadas de dudas, renuncias, errores, sufrimiento y perseverancia. A nadie le regalan nada. Tampoco se paga con dinero el hecho de que te atienda un profesional que le motiva a lo que se dedica. Desde la panadera de mi barrio que me vende la palmera de chocolate con una sonrisa sincera a pesar de su mirada cansada, hasta la enfermera que improvisa una palabra amable en esos momentos vulnerables en los que te peleas con esa horrenda bata azul por no parecerte al personaje de Jack Nicholson en la película *Cuando menos te lo esperas*. Si tú no eres tú, ¿quién lo va a ser? Nadie más puede serlo. El mundo entero se está perdiendo toneladas de talento irrepetible. Por miedo, inconsciencia, pereza, por estar perdidos.

Porque... ¿qué hubiese sido de Ernesto Sevilla si no se hubiese subido a los escenarios? ¿Qué hubiese pasado si no hubiese devorado las grabaciones en VHS de los cómicos americanos para aprender el oficio? (Para los que no estudiasteis la antigua EGB, en la Wikipedia se os explica lo que eran estas cintas). Pues que nos hubiésemos perdido muchos buenos ratos y hacernos preguntas existenciales tan importantes como: «¿Por qué, cuando eres pequeño, al reírte te sale una pompa de la nariz y explota?».

La metaprogramación cognitiva

A continuación, quisiera presentar a la persona sin la cual no creo que hubiese llegado a escribir este capítulo, Alexandre Escot. En gran medida, es el responsable de que yo consiguiera dejar de observar el mundo desde las gradas y me atreviese a saltar a la arena. Esta es una metáfora que le gusta mucho y que comparte siempre que puede. Procede del discurso *El hombre en la arena,* de Theodore Roosevelt, pronunciado en la Sorbona de París el 23 de abril de 1910. Son unas palabras que, sin duda, vale la pena leer. También adora utilizar la etimología como punto de referencia. Así fue como aprendí que la palabra *persona* procede del latín y que significa «máscara de actor». Y es un detalle muy significativo, porque todos llevamos una. Esa identidad (o identidades) que creamos para proteger lo que somos del mundo que tememos.

> «Siempre vamos hacia lo que huimos. Por ejemplo, una persona que tiene un conflicto con el rechazo, siempre buscará a las personas que la vayan a rechazar».
>
> Alexandre Escot

Alexandre es otro barcelonés que, curiosamente, nació un cuatro de febrero, al igual que Borja. Pero cinco años más tarde, al igual que Nacho; justo el año en el que el cometa Halley hizo su última aparición en el siglo XX alcanzando el punto más cercano a la Tierra. Y es que, a veces, las apariencias, más que engañar, despistan. Porque este terapeuta y psicólogo es tan inteligente como guapo, tan directo como alto y tan riguroso como simpático. Es consultor estratégico en empresas desde hace más de quince años y, lo más importante, es el creador de la *Metaprogramación Cognitiva*. La primera vez que la escuché me sonó un poco a chino, la verdad. Luego la fui experimentando e interiorizando poco a poco. Es difícil explicar de qué trata de forma sencilla, porque es diferente a lo habitual por ser algo bastante innovador.

Él mismo la define como una terapia que se centra en trabajar con el inconsciente y sanar las heridas del pasado y, así, capacitar a la gente para poder seguir avanzando. Con heridas no se refiere necesariamente a haber sufrido una de esas desgracias tan enormes que acaban saliendo en las noticias, sino a sucesos cotidianos, familiares, personales... que nos han dolido a nosotros en particular. Aunque desde fuera parezca una chorrada. Y si no lo aceptamos, entramos en un círculo vicioso que él describe así: «Como no asimilo esa herida, no aprendo de la experiencia. Escapo de ese dolor y, como huyo, pongo mi atención en él. Así que, inconscientemente, altero mi conducta para que me lleve a ella de nuevo, active la herida y acabe asimilando la experiencia. Y mientras guardemos dentro ese dolor y ese miedo, necesitaremos al personaje. Si sanas, se transforma automáticamente».

No está mal, ¿eh? Puedes volver a leerlo para intentar digerirlo. En mi caso, más de dos veces. Es algo así como un autoboicot. Pero también quisiera explicarlo desde el punto de vista del que se estira en el diván (aunque ya solo sea virtual y desde la comodidad de tu casa). Volvamos al gran descubrimiento, a la gran verdad de que yo no soy una marciana extraterrestre. Así que, si yo me he cuestionado muchísimas veces ¿por qué, sabiendo lo que tengo que hacer, soy incapaz de llevarlo a cabo? ¿Por qué caigo una y otra vez en el mismo error? Es lógico suponer, amigo lector, que muy probablemente tú también te lo hayas preguntado. Si es correcto, que sepas que la respuesta está en tu interior. Y para llegar a ella, hay que dejar de luchar contra uno mismo para hacer que aquello que dolió, no duela. **El propósito es sanar.**

Para mí, la «meta» se podría resumir en dos pasos mucho más fáciles de describir que de realizar. El primero: mirar hacia dentro y sanar tus heridas. ¿Cómo? Cerrando los ojos y dejando que este formador y facilitador con ojos de mago te lleve de paseo por tus infiernos personales. Sí, por los lugares más oscuros de tu alma. Esas sombras a las que nos cuesta tanto enfrentarnos, heridas que intentamos ignorar y hacer ver que no nos han pasado. Pero siguen ahí, enquistadas, emociones sin gestionar que hacen que las cosas no funcionen. ¿Cómo? A través de un método no agresivo: utilizando la visualización, principalmente. Eso sí, de la mano y sin soltarte hasta el final. Hace falta valor, pero es necesario resolver los conflictos. Porque, si no encuentras el coraje, no eres libre para avanzar.

El segundo es dar un salto al vacío (no literalmente, por favor). Cuando entiendes por qué te pasa lo que te pasa, sientes una liberación enorme y todo cobra sentido. Sueltas una carga muy pesada, incluso dejas de sentirte culpable. Es más, te sientes en paz. Además, aprendes a gestionar las futuras heridas, que seguro las habrá. La *Metaprogramación Cognitiva* me ha enseñado que cuando dejamos de huir, por fin, nos planteamos quiénes somos y hacia dónde queremos ir. Que es necesario observar las señales que te regala la vida y dejarte llevar o fluir, como ya nos indicaba Borja. Porque, en realidad (y esto es algo que a mí me ha costado mucho reconocer), la vida nos está llevando todo el rato. Supongo que podemos llamarlo de muchas maneras: destino, universo, el de allá arriba, suerte, inconsciente colectivo... La cuestión es que el mundo te está diciendo cosas. Y aceptar estas señales da muchísimo miedo. Es como asomarse a lo desconocido, como una fuerza que te impulsa a salir de tu zona de confort, a atreverte a ser de verdad. Más claro que él, no lo voy a explicar. «Esa información que te llega siempre parte de dar pasos en el vacío, de asumir que tienes que ser capaz de entregar lo que eres para permitir que nazca lo que serás». ¡Toma ya! Ahí queda eso.

Pero cuidado. Es el momento de subir al cuadrilátero. Porque también hay otro tipo de lucha además de la que podemos mantener con nosotros mismos. Por un lado, la sociedad. Por el otro, los sentimientos. Un combate entre lo que sentimos y lo que los convencionalismos opinan sobre ello. Quién no ha escuchado «No llores», «No grites», «No tengas miedo», «No te enfades». Estamos acostumbrados a hacer ver que no sentimos, porque la expresión de estas emociones no está bien vista. Pero sí, necesitamos llorar porque limpia el alma. Nos sienta bien gritarle al viento. Admitamos en voz alta y sin vergüenza que tenemos miedo. ¡Enfadémonos! Esto me recuerda a un *podcast* superoriginal llamado *No tiene nombre*. Sus creadores: Ana Albiol, Enric Sánchez y nuestro Nacho Mühlenberg. En el segundo episodio, titulado «La muerte, la vida y una hormiga» (son únicos tanto si ponen nombre como si no), ella afirma que se enfada pero que es feliz, que está serena internamente al mismo tiempo. Siente el enfado como energía en movimiento y no la reprime. Reacciona a esa emoción porque le indica que es el momento de poner límites. Y me parece un punto de vista rompedor. Si lo estoy sintiendo, por algo será. Lo malo es taponarla. Y es triste, pero nos sigue chocando que alguien lo exprese abiertamente. Y creo que esto es una parte importante de lo que Alexandre Escot lleva años intentando transmitir a la gente: que es fundamental conectar con nuestro cuerpo, con ese foco, con ese malestar. Porque para sanar hay que sentir. Y este hecho (que, *a priori*, parece evidente) es realmente difícil de conseguir. Porque nos resistimos a ello como unos auténticos cabezotas. Si tejiésemos una colcha con fragmentos de sus frases, nos quedaría algo así: «Déjate caer, ya verás como te salen alas. Confía, afloja la tensión. Entrégate. Saldrá todo bien, no te preocupes. Que pase lo que tenga que pasar, esa es la actitud. Avanzar está bien».

Podríamos seguir indefinidamente, porque al igual que pasa con el eneagrama y, en general, con todo lo relacionado con el maravilloso mundo del desarrollo personal, una cosa buena te lleva a otra mejor... y así sin parar. Esta ha sido, simplemente, una humilde aproximación a unos conceptos que quizás te pueden resultar útiles y constructivos. Solo quería compartir una pequeña e importantísima parte de mi camino contigo, un cachito de mi andadura en la que haberme cruzado con tanta buena gente ha sido una de las mejores cosas que me podían haber pasado. Te invito a que investigues, preguntes, averigües y lo experimentes por ti mismo. Con valor, liberado y con calma. Y te pido que aparques las prisas, las obligaciones, el ritmo frenético de cada día. Y que, por un momento, acalles el ruido. Y respires. Y que escuches ese latido interior que nos dice siempre la verdad.

ANA MARÍA UDINA

@anamaria.udina.buxo

Nació en Barcelona el mismo año que Rubik inventó su famoso cubo, 1974. Es técnica administrativa en el ámbito jurídico y una apasionada del eneagrama. Sus incansables ganas de aprender la llevaron a realizar el máster en Marca Personal de @kuestiona, donde profundizó sus conocimientos sobre esta extraordinaria herramienta para el autoconocimiento.

Tuvo la suerte de crecer rodeada de libros y siempre soñó con escribir historias como las que mantenían a su madre leyendo hasta altas horas de la noche. Su lema «Si sientes que tienes algo que expresar, escríbelo, compártelo, hazlo realidad» junto con su pasión por el motociclismo la han llevado a publicar varios artículos de opinión en *La Vanguardia* y en la revista *Solomoto*. **Su propósito: escribir.**

BIBLIOGRAFÍA

VILASECA, Borja (2019), *Encantado de conocerme*. 3.ª edición, Barcelona: Penguin Random House Editorial, S.A.U.

VILASECA, Borja (2020), *El sinsentido común*. 2.ª edición, Barcelona: Penguin Random House Editorial, S.A.U.

RISO, Don Richard y HUDSON, Russ (2017). *La sabiduría del eneagrama*. 1.ª edición en Vintage, Madrid: Ediciones Urano, S.A.U.

EL ERROR: UNA FUENTE MÁS
DE DESARROLLO PERSONAL

¿Cuántas veces te has enfrentado a un semáforo en ámbar? A esa dura lid que se forma en tu cabeza cuando pretendes tomar una decisión.

Apenas tienes unos pocos segundos para pensar. Puedes acelerar, asumir el riesgo y arrancarle un minuto más a la vida. O quizá prefieras levantar el pie, cumplir como buen ciudadano, con las normas viales, y detenerte; a pesar de ese Seat blanco que pasa veloz a tu lado; de ese conductor que te dedica una mirada de odio a través del retrovisor. No importa, esa ha sido tu elección y, por lo tanto, la correcta.

Al final aceptas tu decisión y tomas las riendas de tu comportamiento. Aceleras y, como ya intuías, el semáforo se pone en rojo justo cinco metros antes de llegar hasta él; demasiado pronto para cruzar; demasiado tarde para frenar. El resultado: un minuto de ventaja ante la vida y ciento cincuenta euros menos en la cartera.

Moraleja: «los semáforos en ámbar siempre se ponen en rojo solo cuando optas por acelerar en vez de frenar».

No te preocupes que esto es solo un ejemplo, extrapolable, eso sí, a cualquier ámbito de la vida humana. Pero antes de empezar debemos asumir la moraleja real de esta historia, y no es otra que: tomes la decisión que tomes, siempre vas a tener que asumir las consecuencias que estas conllevan. Debemos aceptar las vicisitudes que nos aporta la vida y poder trabajar con ellas; no contra ellas.

Ahora sí, *vamos a cruzar el umbral de error humano.*

Todos a lo largo de la vida pasamos por momentos de dura indecisión. Esos momentos en los que no vemos la luz al final del túnel. En los que decidimos (por proximidad buscaría sinónimo) aparcar proyectos porque, en nuestra balanza de pros y contras, ganan con ventaja los contras.

Es en estos momentos cuando debemos entender que todo en esta vida nos aporta, o bien resultados, o bien experiencia. Y cualquiera de las dos opciones siempre será productiva.

Existe un escrito muy famoso de Bernardo Stamateas que me encantaría que leyeras porque resume mucho lo que vas a encontrar a partir de ahora. Dice así:

«Nacimos para vivir y no para existir. Todos nuestros errores esconden las semillas de las grandes oportunidades. Lo importante es aprender del error, olvidar los detalles y poder seguir adelante. El fracaso es una situación y no una posición, no es un muro, es una puerta que te llevará a una nueva dimensión de triunfo».

Lo único que hará en tu vida el error será liberar tu potencial escondido.

Lo único que hará en tu vida el error será liberar tu potencial escondido

Esta frase es la que me ha acompañado durante toda la vida. Una frase que llevo incluso impresa en mi piel para recordar precisamente esto. Esto que quiero que recuerdes tú también. El error jamás debe ser un punto condicionante en tu mente. El error es una variable más de una ecuación. Una variable que hay que despejar pero que, si nos equivocamos y no llega el resultado esperado, nos servirá para saber dónde ha fallado nuestro planteamiento y cómo evitarlo en un futuro.

El error siempre debe asumirse como una fuente más de aprendizaje. Un elemento nuevo que utilizar para poder seguir creciendo tanto personal, como profesionalmente.

Todos hemos vivido situaciones que nos han hecho detenernos

o al menos frenar nuestro avance. Yo, sin ir más lejos, tardé catorce años en escribir mi primer libro. Siempre llega ese momento cuando vemos nuestro proyecto cada vez más cerca —digo proyecto, pero puede significar cualquier cosa—, que surgen esas dudas que nos frenan de golpe. Ese miedo al fracaso; a no hacerlo bien; a equivocarte y perderlo todo. Algo que debemos asumir a la hora de afrontar una decisión es que lo único que no tiene solución es la muerte.

Es fácil temblar ante la tesitura de una difícil decisión. A todos nos entra el pánico, el miedo a que nada funcione, a fracasar. Es cuando nuestra parte autodestructiva sale a relucir. Saca a flote nuestro lado más pesimista y tiñe de oscuras nubes un cielo celeste y un céfiro que invita a disfrutar. Ahora todo es frío. Un viento helado que nos hace tiritar. Deja aterido cada músculo de nuestro cuerpo sin opciones de poder hacer nada. Pero es en ese momento cuando debemos seguir adelante, cueste lo que cueste; pase lo que pase.

¿Es realmente miedo o hablamos de procrastinación?

Esta es una palabra dura de afrontar. Es en esos momentos en que nos vemos delante de un paso importante y nuestros miedos comienzan a hacernos dudar cuando tenemos que valorar esta pregunta. Y para llegar a esta palabra debemos enfocarnos en una serie de cuestiones paralelas que podremos formular para asegurarnos de que todo lo que nuestra mente intenta reflejar son simples dudas razonables. Este método es tan sencillo que podrá resultarnos útil en cualquier momento de nuestra vida. Ante cualquier decisión.

- **¿Es nuestro miedo real?** Nuestras dudas atienden a un propósito bastante claro que no es otro que aportarnos una información alternativa a la que inicialmente poseemos. Nuestro objetivo es deducir si son dudas reales o es un miedo a lo desconocido. El miedo a lo desconocido puede hundir el barco más firme jamás construido. Es capaz de alimentar el dragón que llevamos dentro y que luego terminará por reducir todos nuestros planes a meras cenizas polvorientas. A rescoldos imperecederos. Pero el miedo a lo desconocido es controlable; asumible si respondemos a la siguiente pregunta.

- **¿Esas dudas están fundamentadas?** Toca hipotetizar. Esas dudas que nacen en nuestro subconsciente pueden ser simplemente pensamientos contrarios. La otra cara de la moneda. Puede que tu decisión se base en montar un negocio y tu duda sea: «¿Y si no tengo clientes?». Esa duda no está fundamentada, esa no es una variable que dependa de la fortuna, sino que va a depender de las acciones que tomes para ganar esos clientes. Los clientes llegarán si tus estrategias son las adecuadas. Por el contrario, puede que esa duda sí tenga fundamento: «Tengo un presupuesto bajo, ¿funcionará mi plan de *marketing*?». En este caso sí puede ser que tu duda sea un motivo para tener en cuenta. Es cuando entramos en una nueva pregunta.

- **¿Puedo hacer algo?** Esta pregunta es tan clara como su respuesta. Si la respuesta es positiva, entonces la duda queda resuelta. Si no lo es, habría que valorar una siguiente fase. Una fase en la que toca proponernos distintas alternativas para buscar una solución que nos aporte un cambio de respuesta, que nos dé valor y nos ayude a afrontar la siguiente fase.

- **¿Me puede afectar al proyecto?** Si esa respuesta es afirmativa hay que plantearse de nuevo todas las decisiones. Es entonces cuando el riesgo se vuelve real. Cuando ya podemos sentarnos y repasar de nuevo todas las preguntas en busca de una salida distinta. Si, por el contrario, no llegamos a una solución clara, sería un momento oportuno para no seguir adelante, o intentar otra vía distinta. Pero si la respuesta a esta pregunta es negativa y las dudas que nos surgen no tiene por qué afectar al proyecto, no deberíamos preocuparnos. Puede, por poner un ejemplo, que la duda en cuanto al proyecto sea la siguiente: intentamos decidir si podríamos inventar una nueva aplicación móvil para gestionar comandas de restaurantes y la duda es la falta de conocimientos específicos sobre programación. Pero el presupuesto está ajustado para que un programador haga todo el trabajo. ¿Esta duda puede afectar al proyecto? Para nada, simplemente pidiendo al programador un curso rápido para gestionar la aplicación sería suficiente para solventar este dilema. Por el contrario, la duda que surge es que este tipo de aplicación ya tiene una competencia clara y sería difícil crearnos un hueco en el mercado existente sin un buen equipo de comerciales que distribuyan esta aplicación, y el presupuesto no incluye esto. Es entonces cuando deberíamos plantearnos si es buena idea ampliar el presupuesto o abandonar el proyecto.

Fuera de todo esto, si la respuesta es que no nos afecta al proyecto, es cuando llega nuestra palabra mágica.

La procrastinación es la piedra angular de todos los fracasos. Es donde nace el error y donde se gesta la indecisión. Poniendo un poco de etimología rápida, *procrastinar* significa dejar algo para más adelante, ¿por qué hacerlo hoy si puede esperar a mañana? Pero su significado es más profundo. También procrastinar sería dejar que tus dudas te ganen la batalla.

Es en el momento en que esta duda surge cuando mi planteamiento siempre me ha ayudado a seguir adelante. Cuando estoy a punto de tirar la toalla me pregunto lo mismo, ¿y si me equivoco al no hacerlo? Eso siempre me ayuda a seguir un día más. Quizá mañana llegue ese resultado ansiado y por culpa de dejarlo hoy nunca lo compruebe. Tal vez tras esa decisión se encuentra el cambio radical de mi vida, y jamás lo veré si nunca doy el paso. ¿Y si me equivoco al no hacerlo?

¿Conoces la película de *A tres metros sobre el cielo*? Bien, en la historia de este libro encontramos el ejemplo de estas preguntas.

Federico Moccia es, actualmente, el autor más leído de Italia. Pero su historia no es tan bonita como se pinta ni su novela tan grande como se presume. Su historia comienza en 1982 con la producción de una película de la que él fue el director, y que resultó ser un fracaso total. Tan grande y estrepitosa fue su caída que se vio obligado a alejarse de la dirección de filmes y ponerse a escribir guiones. Ante el poco éxito de su trabajo decidió escribir *A tres metros sobre el cielo*, novela que fue rechazada por todas las editoriales y que le obligó a autofinanciarse y editar, por su cuenta, 1500 ejemplares. Estos ejemplares se vendieron en la librería de un amigo suyo y en poco tiempo desaparecieron. Cuál fue su sorpresa cuando quiso imprimir una segunda edición: la editorial había quebrado y con ella la oportunidad de llevar más libros al mercado.

Corría el año 92 y durante los cuatro siguientes se dedicó en profundidad a la creación de una nueva película con la que esperaba resarcirse del primer fracaso. Por desgracia, esta también fue un desastre absoluto.

Moccia se vio abatido, arruinado y casi rendido, por lo que se olvidó de todo y se dedicó a una vida normal escribiendo pequeños guiones o trabajando por su cuenta.

Pero Federico creía en él. Estaba convencido de que sus fracasos habían sido por pequeños desaciertos suyos, por lo que decidió replantearse su trayectoria, revisar todos sus errores y jurar no volver a cometerlos.

Con toda esta información que el tiempo y la experiencia le habían regalado en forma de absoluto desastre, se enfrentó de nuevo a otro proyecto. Decidió volver al proyecto que sí le funcionó, pero que, por causas ajenas a él, acabó en el cajón del olvido.

Así pues, en 2004, volvió a publicar su primera novela, pero esta vez valorando las mejores editoriales de autoedición. Tal fue el éxito de su novela que la gente fotocopiaba los libros porque en las librerías se habían agotado.

A partir de aquí, todos conocemos a Federico Moccia. Y si no conocemos a Moccia, al menos sabemos que Mario Casas interpreta el papel de Hache en *A tres metros sobre el cielo*.

Pero lo que nadie sabe es que tras esta novela se encuentra una historia de fracasos, de errores y de superación.

Sobra decir que en 2006 publicó *Tengo ganas de ti*, novela que también tuvo un gran éxito. Poco a poco se fue recuperando de sus errores, jamás se rindió y al fin podrá ver su saga completa en la pantalla grande en 2022.

Si miramos la cronología de sus obras veremos la época dura de conexión consigo mismo, de autoevaluación y de lucha. Cuando llega el triunfo, se aprecia claramente la prolificidad de su éxito.

Así que, ahora que conoces esta historia, ¿todavía piensas que un fracaso puede arruinar tu futuro? El futuro solo se arruina cuando dejas de creer en él.

Cuando llega el error. ¿Cómo asumirlo?

Este es el desenlace más temido por todos. Desgraciadamente es una opción para todo aquel valiente que decide seguir adelante con sus deseos y afronta su destino. Dicen que los cementerios están llenos de héroes, pero los que todavía viven, lo hacen en los rascacielos más grandes o en las casas más lujosas. El éxito no es amigo de lo cotidiano. Quien no asume riesgos nunca se equivoca, pero tampoco acierta jamás.

Lamentablemente el error nos acecha y muchas veces se hace tangible, se presenta ante nosotros derrumbando ese precioso castillo de naipes que habíamos construido. ¿Ha llegado el fin? Para nada. Como he dicho antes, lo único que no tiene solución es la muerte, por lo tanto, ¿sigues vivo? Entonces sigue adelante.

Pero antes de nada hay que evaluar el fracaso. También aquí podemos centrarnos en unas pocas preguntas para intentar tener una estructura útil para trazar.

- ¿HA SIDO POR UN ERROR MÍO? Toca valorar el proyecto, recorrer el camino que hemos realizado y estudiar dónde ha podido recaer el error. ¿El error ha sido por un desacierto mío? Muchas veces pensamos que somos nosotros los que hemos cometido el error, pero no siempre es así. Un mal momento, un mal lugar, un compañero equivocado. Todo puede llevarnos al fracaso, pero hay que poder identificarlo. Debemos encontrar ese punto de inflexión que nos ha llevado hasta el temible y negro desenlace. No podremos pasar a la siguiente fase sin conocer esta respuesta, por lo que es momento de hincar los codos y analizar, paso a paso, cada detalle, por nimio que resulte, de nuestro recorrido.

¿PODEMOS TOMAR MEDIDAS PARA EVITARLO EN UN FUTURO? Si el error es subsanable entonces podremos tomar control sobre él. Volvemos con los ejemplos. Quizá nuestro negocio fue bien, el plan de *marketing* estable, la oferta y demanda correcta. Pero hubo un detalle que no controlamos, la ubicación. Es pues un factor que tendremos en cuenta para futuros proyectos. Mejor visibilidad; una zona amplia donde poder aparcar; un emplazamiento adecuado en función de la logística ideal...

- ¿TENEMOS LOS RECURSOS PARA VOLVER A EMPEZAR? Esta es quizá la peor pregunta de todas porque, en caso de que su respuesta sea negativa, nos veremos en una dura situación. Empezar de cero varias veces es una ardua tarea y para nada sencilla. Pero como he dicho antes, lo único que no tiene solución es la muerte. Sigue tu camino, recupérate y vuelve con más fuerza. Da igual si tardas dos meses o dos años. Te recuerdo mi experiencia y es que tardé 14 años en poder publicar mi primer libro. Después de haber fracasado en mis tres primeros intentos.

Y ahora volvemos a cuando dije que esto era extrapolable a cualquier situación. Lo digo porque puede que ahora te surja la duda de si esto sirve para ti. Puede que no estés interesado en montar un negocio y que este texto para nada se ajuste a tu modo de vida. Pero, y siendo reiterativo, tenemos que asumir que esto puede servir en cualquier momento: un viaje inesperado, un cambio de trabajo, de ciudad... Solo hazte las primeras preguntas y descubrirás que sirve para todo.

¿Cómo afrontar el error como una fuente más de desarrollo personal?

No es fácil tener que ver cómo nuestros planes fracasan, y mucho menos seguir adelante tras ello. Pero hay tres claves que a mí siempre me ayudaron a poder afrontar mis decisiones incluso después de sufrir mis primeros fracasos.

Llegados a este punto, seguramente ya has conocido cómo trabajar nuestro desarrollo fundamentándose en la asertividad. Y sabemos de ella que es la habilidad que nos permite comunicarnos de una forma empática y adecuada. También que existen unos pilares fundamentales para trabajar en ella y basados en estos pilares es donde podríamos trabajar para enfocar un error de una forma que sirva como desarrollo personal. También son tres pilares esenciales.

- AUTOESTIMA. Siempre será necesario tener una gran fuente de autoestima, de autoafirmación y una férrea apuesta por nosotros mismos. Este pilar es el cimiento necesario para afrontar cualquier situación sin permitir que las dudas nos arrebaten la voluntad. Recuerda el caso de Federico Moccia.

La autoestima es la encargada de transmitir la confianza necesaria para plantearnos las respuestas a todas nuestras preguntas, para asumir riesgos, o incluso para tomar las medidas de prevención necesarias.

Necesitaremos confianza en nosotros mismos no solo para representarla en el proyecto o decisión que queramos tomar, sino también para mostrarla a todos aquellos a los que, de una forma u otra, afecte este proceso.

- CONCIENCIA. La conciencia es un punto esencial, no más o menos que los otros dos puesto que, cada uno en su medida, es necesario.

Ella es la encargada de permitirte moverte por los límites de la realidad. La que evitará que no des pasos en falso. La conciencia se ocupa, entre otras cosas, de mostrarte los fundamentos reales de tus dudas, de permitirte buscar la respuesta a esas preguntas.

También será necesario, para tener una conciencia completa, la expresión de todos los aspectos de tu proyecto, así como de tus avances. Será necesario tener una mentalidad positiva pues la conciencia es realidad, y la realidad no siempre es agradable. La realidad puede ser cruel, no tiene amigos, no conoce el perdón o no habla para compensar pequeñas desavenencias. No tiene bandos así que lo mejor será, siempre, estar preparados para entender la realidad de tu situación.

Debemos siempre intentar, para poder llegar a tener una conciencia clara del momento en el que nos encontramos, expresar todo lo que estamos sintiendo o pensamos. De esta forma, al recibir el *feedback* de estas opiniones o situaciones, entenderemos en qué punto estamos y si tenemos que tomar medidas.

- CONOCIMIENTO. Este es el último pilar y es el que nos va a dotar de la fuerza suficiente para prevenir los errores y para afrontar los que no podamos evitar.

El conocimiento es el fruto del trabajo, del esfuerzo y del

tiempo. Teniendo en cuenta que el tiempo es el enemigo acérrimo que podemos encontrar a la hora de tomar una decisión; de afrontar un proyecto. Cuanto más tiempo pase con la idea en la cabeza, más probabilidades hay de que esta se quede en un mero pensamiento.

Pero ¡ojo! Esto es un arma de doble filo. Si pasado ese tiempo, esa idea persiste, entonces puede ser que tengas un proyecto muy firme. Todo esto dependerá del conocimiento que le aportes a esta información; a estas ideas.

Debemos entender que el conocimiento va de la mano de la experiencia, por eso, a la hora de tomar una decisión, podemos no tener todas las claves necesarias. El conocimiento es ilimitado y se adquiere con paciencia. Llegamos pues a la fuente del desarrollo personal.

Será, cuando afrontemos de forma material nuestros proyectos, cuando adquiramos ese conocimiento necesario para poder entender la realidad que surge ante nosotros. Y si el error llega, nos aportará, en primer lugar, la información esencial para no volver a cometerlo. Dicen que el humano es el único animal que tropieza dos veces con la misma piedra, pero no dicen que, en el segundo tropiezo, ya intuía que esto iba a ocurrir.

Serán el conocimiento, la conciencia y la autoestima los que te hagan frenar justo antes de esa piedra en el camino, rodearla, y seguir adelante, sonriendo al ver que has burlado el obstáculo que te hizo caer la primera vez.

Y no pienses que la conclusión de todo esto es que tenemos que equivocarnos para poder llevar a cabo proyectos eficientes y llegar al éxito. Nada más lejos de la realidad. La conclusión de esto es que jamás, por nada del mundo, debemos permitir que nuestros propios miedos nos frenen a la hora de tomar una decisión.

Estamos hechos para aprender, y el error es una fuente más de aprendizaje, así que, cuando valores los inconvenientes de una idea, recuerda que, en algún lugar, alguien ya tuvo ese mismo miedo y hoy disfruta del fruto de su riesgo. ¿Qué hubiera pasado si J. K. Rowling se hubiera rendido cuando casi todas las editoriales del Reino Unido le dijeron que no tenía talento?

Recuerda ¿y si me equivoco al no hacerlo?

EMI NEGRE
@eminegresecuelas

Emiliano Pereyra Negre nació en Argentina en 1987, año en que fue creada la tan querida Unidad Central Operativa (UCO) de la Guardia Civil de España. Con dos años se mudó a España y empezó a desarrollar su pasión por la literatura, escribiendo sus primeros poemas con 8 años.
Trabaja como supervisor de producción. Sus mayores aficiones son su familia y la escritura. Especializado en criminología y criminalística. Tiene cuatro títulos: *Secuelas de un pasado* (2018), su ópera prima y novela más vendida con más de 5000 lectores y que le ha llevado a colaborar con la asociación NACE y su campaña de «Se buscan Valientes», con el Langui e Iñaki Zubizarreta. *La herencia del pecado* (2019), ganadora del premio Suseya a la mejor novela negra de 2019, y *Cuando ella duerme* (2021), novela que ha superado los 1000 ejemplares en apenas dos meses.

MI OBJETIVO ES MI META

Todo comienza con aprender a leer.

Uno de mis propósitos en la vida es escribir y publicar varios libros. Llegué a pensar que se trataba de algo pasajero, lo de escribir, pero se ha convertido en una pasión que se sostiene firme con el paso del tiempo. Es como una señal que le da preferencia ante cualquier deseo incierto, y me orienta en la dirección correcta hacia el camino que quise tomar desde que era pequeña. Eduardo Punset dijo: «En la búsqueda, en la expectativa, radica la mayor parte de la felicidad».

Yo también quise encontrar la felicidad y empecé a buscar.

Alcanzar metas importantes es uno de los objetivos a los que todo el mundo apunta con gran ilusión. Especialmente, desde el momento en que nos dicen, cuando aún no entendemos de nada, que el éxito es el único fin en la vida. Aumentar los ingresos con un buen puesto de trabajo nos anima a explorar un empleo mejor del que tenemos. Son muchas las dianas a las que apuntar. Dianas que se encuentran tan lejos del ciudadano de a pie que no todos pueden atinar en el centro del objetivo si todo lo que se posee para lanzar es un dardo de cartón. Cuidar del cuerpo y de la mente es un consejo muy acertado que no todos podemos llevar a buen final por diferentes circunstancias.

Recuerdo cuando yo era pequeña y abría el libro de texto. Mi madre se sentaba a mi lado y señalaba el título de una poesía. Me decía: «Lee esta». Con ritmo y mucha rima yo leía. Después la miraba en silencio intentando imaginar su infancia, de posguerra, sin poder asistir al colegio. Y ella suspiraba de forma casi imperceptible.

«¡Qué bien lees! —me miraba, con un brillo de satisfacción en su mirada—. Me gustaría aprender a leer». Las emociones y los sentimientos juegan un papel importante a la hora de tomar decisiones. Que sean correctas, o no, depende de cómo se afronta el presente. Y todos los presentes de nuestro pasado.

La razón por la que elegí aprender fue mi madre. Quizá a mi voluntad, ¿por qué no? También al deseo de alcanzar la meta, de ser escritora. Y a mi predisposición genética por la curiosidad, la investigación y un montón de motivos que no podría describir aquí.

Que mi madre no supiera leer me dolía en el alma. Más adelante me di cuenta de que para mí fue una herida que provocó la ira en mi subconsciente. Por la rabia de no intentar enseñarle a leer, aunque el hecho me recuerda que yo, en aquellos años adolescentes, tampoco sabía lo suficiente como para enseñar. Cuando me decía que le gustaban los libros y que sentía pena por no poder leerlos, yo empecé a gestar un sentimiento que removía no solo mi mente y cerebro, sino también mi alma, espíritu (llámese como se prefiera), y que aún lo llevo dentro.

También guardo un recuerdo subjetivo, subliminal y emocional de una noticia que aceleró mi ritmo cardiaco: el resultado de un estudio que explicaba el elevado porcentaje de analfabetos entre la población de mi ciudad durante los años setenta. Es decir, vivíamos sin pena ni gloria y mucho menos con títulos académicos. Y lo que es peor, sin aspiraciones. El resultado del estudio hirió mis sentimientos, cómo no. Me dolió, pues sé que era cierto. Aquella realidad me llevó a tomar la decisión más importante de mi vida: contradecir a aquellas estadísticas. Lo de mi madre no tenía solución. Así que me prometí a mí misma el éxito. Me sentí protagonista de mi proyecto como Escarlata O'Hara en la escena de la película *Lo que el viento se llevó*, ¡Imagínatelo!: en mi mano, un puñado de hojas, arrancadas del bloc, cuadriculadas con palabras escritas, tachadas y un montón de faltas ortográficas. Juré dejar de pertenecer a ese grupo tan amplio en el que se basó la investigación, ¡costase lo que costase! Mi decisión fue comprar libros que pensaba leer. Quería comprender lo que no entendía y no aprendía en una edad en la que ya me encontraba fuera del colegio.

Aquel día lancé mi objetivo al futuro, o al universo, como quien suelta un pájaro atrapado en una jaula y echa a volar. Fue entonces cuando con paso lento pero seguro, decidida a alcanzar la meta, di mis primeros pasos. Pensando en escribir un libro. Partiendo de cero, desde mi precaria circunstancia: la nada. Hasta llegar al futuro, el que vislumbré en la distancia del tiempo con ilusión.

En el momento que nació en mi interior el deseo de escribir, no disponía de los recursos necesarios para empezar a trabajar en mi proyecto de escritora. Me faltaban el bolígrafo, un bloc nuevo, la técnica, la práctica y una larga lista de necesidades básicas. Disponer de recursos fue una motivación más a la lista de deseos por cumplir. Adquirir el material era como coleccionar una serie de objetos a lo largo de los años. Empecé a trabajar por cuenta ajena y a comprar los libros que iba a leer para formarme como escritora.

Trabajar con el material necesario para adquirir la suficiente habilidad y capacidad que necesito me lleva bastante tiempo de preparación. Desarrollar mi potencial como escritora es ampliar mis conocimientos con el estudio de diferentes autores y sus obras. Casi sin darme cuenta, lo que en realidad hice fue mejorar mi educación. Ahora soy más maleducada que antes de empezar. Por los que me conocen en vivo y en directo espero que sea perdonable.

Ser escritor no tiene nada que ver con tener talento, sino con el trabajo constante, continuo y con la práctica de la escritura. No sabía que la tarea fuera tan difícil.

Una buena tarde, llamó a mi puerta uno de los comerciales de un famoso catálogo de venta de libros. Me suscribí a la revista. Empezaron a llegar libros a casa. Los leía. Llené de estanterías algunas paredes. Y de libros sus baldas. Emprendí el camino de la lectura entre novelas de ficción, ensayos, revistas y periódicos digitales en sus comienzos de la era digital. Es normal que el deseo de escribir geste una ingente cantidad de dudas. Incertidumbres que me llevaron a no saber qué hacer con mi vida; pero el tiempo pasa y las dudas desaparecen. «Si no espabilo, se me pasa el tiempo y no escribo», pensé una noche con sueño, y, agobiada, me dije: «Esto es un dilema».

Cambié de género literario todas las veces que mi mente lo pedía. Aquellos primeros libros no me enseñaban lo que yo necesitaba saber. «¿Qué libros compro para aprender a escribir?», me preguntaba en voz alta con el entrecejo fruncido. Necesito conocer el significado de las palabras. El diccionario. La solución me llegaba con un chasquido de dedos y corría al catálogo. Me respondía enseguida a mi propia pregunta. Efectivamente, allí estaban los tesoros que buscaba. En los libros se esconde el conocimiento. Herramientas que sus autores ponen a nuestro alcance. De mí y de cada uno de nosotros depende dejarlas o tomarlas.

Enrique Páez dice que todos podemos escribir, solo que necesitamos ponernos a trabajar. Recomiendo libros como recurso y leer como herramienta indispensable para todo aquel que está interesado en convertirse en escritor. Todos los expertos en la materia coinciden en lo mismo: leer..., leer mucho y variado.

Me di cuenta de que me faltaba mucho camino por recorrer. Todo aspirante a escritor necesita trazar un recorrido que no siempre es sencillo. A veces está lleno de espinas, plantas con pinchos y chumberas.

Cuantos más libros leía, más necesitaba y menos cerca veía el momento de empezar y acabar mi libro. Abrí un bloc de notas para escribir un diario. Creé la rutina de anotar todo lo que se me pasaba por la cabeza. Y lo que sucedía en el barrio, en el pueblo, en la ciudad y en el mundo. Una mañana temprano miré el reloj. Me di cuenta de que había pasado treinta años de mi vida con el deseo de ser escritora intacto en mi interior. Me di cuenta de lo feliz que había sido en el trayecto. Le di la razón a aquel que dijo que la felicidad se encuentra por el camino, en el recorrido, en el sendero, quizá, el que se encuentra lleva a la meta. Sin darme cuenta, mi crecimiento interior fue en aumento. Me hice mayor. Y mi mente creció conmigo. Había perdido de vista a la joven que fui, y las ganas de cambiar el mundo desaparecieron. A pesar de partir de cero, y sumando conocimiento, descubrí la motivación que habita en mí.

Me dejaba influir por el conocimiento de autores como Gabriel García Márquez o Jorge Bucay y José Luis Rojas Marcos, Eduardo Punset, Bernabé Tierno y muchos más. Hice un largo camino acompañada de gente maravillosa. De la mano y el talento de multitud de autores nos traen libros llenos de sabiduría que comparten con nosotros.

Somos lo que aprendemos. Para comprender que así es, pongo a prueba mi capacidad cognitiva. Expertos y técnicos en la materia me ayudan a utilizar los trucos necesarios: desarrollar la atención, la concentración y la percepción. Por el camino descubro que mi pensamiento es surrealista, abstracto y me sobra creatividad.

También es posible que no estemos motivados para descubrirnos, aunque se sabe que todos los humanos podemos encontrar el alma que portamos en la mente y su identidad: quién es, cómo es y por qué es un ser emocional. Con todos mis respetos. Que no leamos, o no nos guste leer, se comprende y se respeta. Cada individuo da prioridad a sus propias motivaciones. La mía es aprender. ¿Cuál es tu motivación?

Aprendí que a diario tomamos cientos de decisiones. La mayoría de forma inconsciente, involuntaria, sistemática, repetitiva. Hacemos lo que hacemos por costumbre. La necesidad de controlar nuestro interior es algo innato en el humano. Para ser capaz de aprender a controlar el propio pensamiento y para alcanzar la felicidad deseada existen claves que se llaman libros de autoayuda. Adquirí la costumbre de leerlos sin intención de cambiar de empleo, ni siquiera con un remoto deseo de titularme en nada. Sencilla y simple curiosidad.

Llamamos profundo a nuestro subconsciente. Él, sin que nos demos cuenta, dirige nuestros deseos, estados emocionales, estados mentales y nuestra vida. Él es el más poderoso de los yoes que podemos conocer de nosotros mismos. Él está en nuestro silencio, agazapado, escondido entre circuitos neuronales. El dueño de nuestros verdaderos pensamientos, por lo tanto, es el amo de los pensamientos que no compartimos con los otros seres humanos. Existen libros con cantidad de información que pueden ayudar a abrir la puerta del lugar donde tú y tu yo profundo, subconsciente, se oculta y te dirige. Conocerlo es un placer. El subconsciente está creado para disponer de toda la información que queramos proporcionarle, o la que esté a nuestro alcance, para que su desarrollo sea adecuado. Es como los alimentos y el ejercicio para el cuerpo: la mente necesita muscular sus neuronas.

Quise descubrir el mecanismo del cerebro. Supe que un estímulo exterior desencadena la emoción y el sentimiento.

«Yo soy mejor porque sé cómo funciona mi mente: me doy cuenta cuándo estoy ansioso, me doy cuenta cuándo tengo pensamientos tóxicos. Si no fuera un experto en el cerebro, por ahí viviría mucho peor. Cuando uno conoce algo, lo usa mucho mejor».

Facundo Manes

Los neurocientíficos hablan del cerebro como un órgano diseñado para asegurar la supervivencia y solucionar dificultades que surgen en la vida. Su objetivo es encontrar experiencias positivas como el bienestar personal, la felicidad y el placer. Las actividades básicas son: pensar, comunicar, sentir y hacer. Lo ideal es desarrollar las cuatro actividades para alcanzar el equilibrio mental. Pero no lo hacemos. Andamos ocupados con otras cosas que creemos importantes, pero no con tanta repercusión como el propio desarrollo personal. El cerebro, órgano que no descansa ni cuando dormimos, es una fascinante herramienta multifuncional de aprendizaje y memoria operativa, por lo tanto, es esencial y necesario desarrollarlo. Naturaleza de la toma de decisiones para adquirir una actitud positiva hacia ti y hacia los demás. Al elegir libros que aportan momentos gratificantes, aumenta la motivación y nos ayuda a tomar el camino hacia el desarrollo personal, ya que conocer y controlar las emociones es esencial para llevar una vida plena y satisfactoria. Lograr los objetivos con facilidad gracias al conocimiento de uno mismo es disfrutar y agradecer la decisión de haberlos adquirido con anterioridad. Y mejorar el rendimiento en todas direcciones.

Ser capaz de escribir la historia de la propia vida a partir de nuevos conocimientos y de la observación del entorno. Conscientes de la realidad que nos rodea. Distinguir entre la actualidad real de la imaginaria. Identificar las decisiones inconscientes que nos llegan desde el subconsciente y crear el mundo interior que se desea para ser feliz es posible. Proteger el propio cuerpo y la mente es fundamental. Sentir felicidad y satisfacción con el resultado de nuestro esfuerzo ayuda a alcanzar metas trascendentes. Todo comienza con aprender a leer y continúa con la lectura de libros adecuados para tal cometido. Se aprende a vencer el miedo, a eliminar la duda; a oír al crítico que llevamos dentro; a corregir los errores que a nadie gustan; a disfrutar más del amor y a pedir lo que quieres y rechazar lo que no quieres. En especial, a reconocer las emociones como la ansiedad y el estrés, y qué sentimientos las hacen aparecer a fin de vencer de forma positiva.

Podemos expresar libremente nuestras opiniones, pensamientos, sentimientos y valores. Elevar la autoestima. Conocernos mejor nos ayuda a hacer las paces con nuestra vida pasada y con el presente.

Adquirimos confianza en nosotros mismos. Aceptamos los errores, debilidades y la vulnerabilidad innata. Los efectos se nos muestran con el tiempo.

Los beneficios de la lectura son innumerables:

1. REDUCE EL ESTRÉS

Abrir un libro, empezar a leer y adentrarte en la historia que narra el autor te aleja de la realidad que te rodea para entrar en el mundo imaginario de su creador. Si lo que lees es una novela de ficción, serás testigo de todo lo que les ocurre a los personajes. Mientras lees reduces el estrés de tu vida durante el tiempo que vives abstraído entre las páginas del libro.

Lee literatura de no ficción y de ficción; también poesía. Las letras de las canciones están llenas de mensajes, por lo tanto oír música es beneficioso para la mente. Autores que comparten el resultado del apasionante mundo de su profesión. Ensayos científicos, basados en estudios que acrediten su veracidad. Es tan sencillo como satisfacer el deseo de saber más acerca de lo que ellos conocen mejor que nadie. Por ejemplo:

Secretos de la felicidad es uno de los libros que dan pistas de cómo ser feliz. *Déjate guiar por tu instinto y disfruta de la vida* es una buena opción del autor Luis Rojas Marcos, 2012.

2. MEJORA LA MEMORIA

¿Qué sabemos de nosotros mismos y de nuestro yo interior?

Comparado con otros órganos del cuerpo como los pulmones —con una capacidad limitada de almacenar oxígeno—, el interior de nuestro cerebro es tan pequeño, y a la vez tan grande, que sus circuitos neuronales son capaces de guardar información en un espacio tan infinito como el universo. Pero no todos los humanos disponen del interés y/o la oportunidad de desarrollarlo.

El cerebro guarda toda la información que los sentidos le aportan con el simple gesto de leer, oír y ver. A menos que haya un error de tipo físico o psíquico, el cerebro posee un archivo denominado memoria en el que guarda datos de gran valor que después utiliza como indiscutible solucionador de problemas, al retener situaciones que se traducen en recuerdos que cada individuo encierra en su interior. Podemos dedicar la vida entera a leer. Poner a prueba su funcionamiento y, aun así, no agotamos su espacio. Pasar una vida entera sentada con un libro en la mano no es posible. La vida está diseñada para disfrutar de lo que nos ofrece, y no es poca cosa.

La memoria ayuda a tomar decisiones en cuanto se necesita, ya que leer aumenta la capacidad de análisis en cada contexto. La lectura es un artilugio indispensable para vivir con una mente saludable. Eso ya lo dije. Por lo tanto, se posee el legítimo derecho a olvidar lo aprendido para volver a aprender.

3.   Aumenta la concentración

Estudios demuestran que leer mantiene la mente ocupada pensando. Al pensar de forma concentrada se activa la motivación. El deseo de cambiar la ignorancia por conocimiento tiene un valor incalculable. Poder decir que encontré la solución al problema gracias a la meditación, sobre el asunto, nos llena de alegría. Con cada problema resuelto aumenta el nivel de satisfacción, que se traduce en felicidad.

Hay quien dice: «Cuanto más leo, más quiero». ¿Me hice adicta a la lectura? Me pregunto, porque yo también lo he notado en mí. Cuanto más rápido leo, más quiero leer. Ya sabemos qué opina la sociedad sobre las adicciones.

El cerebro agradece el ejercicio diario: leer, pensar, soñar, imaginar de forma concentrada en sí mismo. Gran parte del conocimiento lo aprendemos del entorno que nos rodea, de los libros que leemos y las películas que vemos. El cerebro es el órgano más fascinante del organismo humano a la vez que desconocido. Con la capacidad de resolver enigmas en su concentración. Leer para ser más humanos y mejores personas. El ejercicio mental, diario, fortalece el sistema inmunológico y el cuerpo.

Eduardo Punset cita en su libro *Por qué somos como somos* al profesor Goleman:

«Los centros emocionales del cerebro están conectados al sistema inmunológico que lucha contra los gérmenes y las enfermedades cardiovasculares», Daniel Goleman.

Por consiguiente, es necesario concentrarse para estar sano, pensar en un buen ritmo cardíaco y disfrutar de un sistema inmune brillante.

4.   AUMENTA EL VOCABULARIO

Al incrementar el vocabulario se evita el desinterés, dado que en cuanto no se comprende ni se conocen las palabras técnicas de cada especialidad, menos interés por su comprensión existe. Aprender para comprender a los profesionales que utilizan un lenguaje fuera de lo común, vulgar o coloquial te da confianza para interactuar con personas de diferentes niveles profesionales y comprender sus mensajes. Subes la autoestima y la satisfacción por entender al mundo en el que no acostumbramos a movernos. Hablar y sentir cómo utilizan el idioma.

Entre todas las cosas, se adquiere un arsenal de palabras de forma automática. Dispuestas para salir de la boca en cuanto se las necesita. Además de facilitar la comunicación entre humanos, aumenta la expresión. Ayuda a hablar con fluidez y estilo propio, sin pausas ni bloqueos. Contribuye a expresar los sentimientos, controlar la ira, o no, según se prefiera. Dependiendo de la tesitura en la que se encuentre cada persona en cada ocasión.

A veces me sorprendo pensando en lo que debió ser mi cerebro al nacer. Un bebé. Era, quizá, como una hoja en blanco que se ha transformado en una biblioteca construida a medida, con la lectura de casi todos los géneros literarios conocidos. Por lo tanto, sé que me gusta arriesgar, equivocarme y acertar con cada historia elegida.

Disfrutar de la fabulosa soledad como lectora se ha convertido en una norma. Mi pareja y yo: el libro de turno. Antes que un artefacto electrónico digital prefiero el formato físico. Soy más de abrazar un libro de papel. Quedarme dormida con él, en mis brazos, y despertar con sus páginas dobladas.

No es nada fácil hacer comprender, a los que me rodean, que gozar de la lectura es más importante que ir de fiesta.

Me alejé de la generación de nuestros padres y de la mía también. No sé si ellos lo saben. Conseguir que sientan orgullo de su hija, ¿a quién no le gusta? Ellos no tuvieron la oportunidad de acompañar sus soledades entre líneas ni libros, ni siquiera entre pantallas digitales. Con una televisión en blanco y negro tuvieron suficiente. De nuestros hijos no voy a entrar en sus preferencias. Tienen la oportunidad de leer todo lo que les cabe en una mano iluminada por la pantalla del teléfono móvil, conectado a internet, dato a tener en cuenta, por supuesto. Cualquier lectura genera una metamorfosis imborrable. Las estadísticas dicen que los jóvenes no leen. Daniel Pennac, en su libro *Como una novela*, habla de los diez derechos del lector. De los diez me quedo con los que mejor me identifico: el derecho a no leer, a saltarnos las páginas y a no terminar el libro.

«Si queremos que mi hijo, que mi hija, que la juventud lea, es urgente que les concedamos los derechos que nosotros nos permitimos», Daniel Pennac, *Como una novela*.

También se consigue ganar la envidia de algunos insensatos. El odio de aquellos que vieron un cambio positivo en mi persona y la crítica de muchos que no comparten mi forma de entender la vida. Yo no comprendía su incomprensión. Ahora sí que los entiendo. Ahora nada de todo aquello importa. El resultado lo quiero para mí, es mi satisfacción.

La voluntad, que manipulo a conciencia por y para mi desarrollo personal, se debe al placer de ejercitar mi cerebro y de escribir.

Una emoción positiva se consigue con una buena educación lectora. Por lo tanto, es positivo cultivar lectores para mejorar la naturaleza humana. Dar a conocer lo malo y lo bueno que poseemos en nuestro interior nos hará comprender el mundo que nos rodea y ver de qué pasta, masa o materia estamos hechos.

LA META

> «La meta es el punto de llegada; el camino es cómo llegar; el rumbo es la dirección, el sentido».
>
> Jorge Bucay

La satisfacción es mi recompensa y merecer las cosas buenas de la vida lleva nombre y apellidos. Pueden ser los tuyos.

MARTI TORRES
@martitorres

Marti Torres nació en Almería, en 1968, el mismo año en el que el Apolo 8, en su primera misión tripulada, da diez órbitas a la Luna. Su formación se extiende en el tiempo entre lecturas que aportan conocimiento y emoción a su vida. Lee literatura de ficción, ensayos científicos, artículos en revistas y periódicos digitales. Recopila información que aplica a su escritura creativa.

Publica cuentos, poemas y relatos en su blog en internet. Ha participado en una antología, junto con trece autores (conocidos a través de una plataforma de escritores) autopublicados, con un relato de terror. Su primera novela, a fecha de hoy, se encuentra en construcción. Trabaja de forma activa para encontrar la voz de su alma y emprender una trayectoria como escritora de éxito.

BIBLIOGRAFÍA

Luis Rojas, Marcos, *Secretos de la felicidad*, Espasa, 2012.

Eduardo Punset, *El viaje a la felicidad*, Ediciones Destino, 2007.

Jorge Bucay, *El camino de la felicidad*, Círculo de Lectores, 2002.

Enrique Páez, *Escribir, manual de técnicas narrativas*, Círculo de lectores, 2002.

NURIA GARCÍA

LA PRESENCIA, LA CLAVE.
EL CAMINO, LA META.
EL PROPÓSITO, TÚ

«No podrás ganar en la vida si estás perdiendo en tu mente.
Cambia tus pensamientos y tu vida cambiará».

Tony Gaskins

Te invito a detenerte durante unos instantes. Déjame que te cuente una cosa, préstame atención:

Cuando yo era muy joven, detestaba los desplazamientos de un lugar a otro. Lo recuerdo desde siempre así. Entonces no íbamos por la calle enganchados a *smartphones, tablets* o portátiles; ni los cascos eran una parte más de nuestra anatomía por la que se colaran la música, las series, los *podcasts* y todo eso. En la actualidad, ante nosotros se abre cada día la potencialidad de todos los contactos, incluso a miles de kilómetros, instantáneamente. Tenemos acceso a todas las informaciones o desinformaciones. Disponemos de numerosas vías de comunicación que nos acercan a todos nuestros intereses, incluso a los que aún desconocemos... Sin embargo, permanecemos gran parte de nuestro tiempo paradójicamente aislados, entretenidos. Nos distraemos, olvidamos con frecuencia priorizar la vida real, la presencia y la atención de quienes están a nuestro lado.

¿Acaso estamos perdiendo una parte significativa de nuestro propio tiempo?

Entonces, en mi juventud, cuando ibas de tu casa a la facultad, ibas «contigo». En el mejor de los casos, si el trayecto era largo y no a pie, podías elegir ir estudiando, hablando con alguien o leer.

Yo vivía ese trayecto, que a veces era de más de una hora, como algo inevitablemente tedioso y frustrante. No obstante, no me quedaba otra, tenía que hacerlo. Recuerdo que un día me senté en el autobús junto a una compañera de la facultad, mayor que yo, y no sé cómo surgió el tema, pero terminamos hablando de cómo yo odiaba coger el autobús porque iba pensando y no quería hacerlo. Aunque ya han pasado más de treinta años, aún recuerdo, como si fuese ayer, la cara que puso mi compañera. Erróneamente creí que se debía a que solamente yo pensaba. En realidad, supongo más bien, que o solo yo tenía una forma peculiar de pensar o solo yo tenía la valentía o la falta de pudor de confesarlo. Te hablo, pasados los cincuenta, de lo que para mí significaban los trayectos: eran un momento en el que, en soledad, entraba en contacto con mi desestructurado mundo interior. ¿Los demás? Pues vete tú a saber, cada uno es cada uno, pero considero más que probable que aquello no me pasara únicamente a mí.

Aunque ya han transcurrido muchos años desde entonces, esa anécdota vuelve a mí en algunas situaciones en las que me conviene explicarme a mí misma para ayudar a los demás.

Cada día, la interacción con el universo que te rodea —incluso el mero hecho de existir, de ser, de estar— desencadena en ti un fenómeno natural que es el diálogo interior. Este fenómeno es como un «iceberg comunicativo-subversivo». Vinculado inexorablemente a ti, está a medio camino entre el discurrir subconsciente, espontáneo, surrealista y con frecuencia indescifrable de los sueños, y la verbalización, «controlada», de nuestros pensamientos. En algún punto intermedio de estos extremos existe una corriente de palabras no expresadas en voz alta que fluye de manera descontrolada e imperceptible. ¿Has reparado en que hablas contigo mismo constantemente? ¿Has observado qué te dices, cómo lo dices y que habitualmente no pones «filtros»? ¿Te has parado a evaluar la importancia y la repercusión que este hecho tan inherente a tu propia existencia tiene sobre ti? ¿Y sobre los demás?

La respuesta más frecuente a estas preguntas es «no». Lo habitual es sentirte tan identificado con tu propio pensamiento que crees que tú eres lo que piensas. Y lo que piensas es la realidad para ti. No hay separación. Y si lo que piensas te hace bien... vale; pero si lo que piensas te hace mal... pues tienes un buen problema cargado en tu mochila de transitar por esta vida, porque, ya sea verdad o no, si tú crees que algo es real... lo es, aunque solo lo sea para ti.

Por eso, es muy interesante adquirir práctica en la observación de tus propios pensamientos. Es como contemplarte a ti mismo desde fuera. Saber tomar distancia para deshacer la falsa identificación. Tú eres algo distinto que está por encima de tu mente, algo más que tus propios pensamientos, estás por encima de ellos porque puedes observarlos, detenerlos, encauzarlos, modificarlos... Tú eres el observador.

Cuanto más observas, incluyéndote a ti, que es muy importante, más posibilidades tienes de conocer lo observado: en sus formas, sus variaciones, su naturaleza, su potencialidad, su... todo. Ser el observador te da poder. Cuando observas tu propia mente, no solo la vas conociendo; además, adquieres de forma progresiva una habilidad muy valiosa: cortar o reconducir el flujo desbocado y caprichoso de los pensamientos generados por «la loca de la casa». Así, vas aprendiendo a tener el control sobre tus pensamientos, a cuidar la forma en que te hablas o hablas o, incluso, actúas con los demás. Al final, todo esto se traduce en adquirir consciencia.

Ser conscientes de nuestros propios pensamientos (mimetizados, disimulados, disfrazados, tan pegados a nosotros como una segunda piel que nos pasa inadvertida) es la condición *sine qua non* para el desarrollo personal, que es de lo que aquí se trata.

La consciencia, entre tú y yo, no es más que «darse cuenta».

Darse cuenta es el principio de todo. Darse cuenta forma parte de la solución a los males que te acechan y responde a la mayoría de las preguntas que te puedas formular. Es la clave para conocernos y encontrar nuestro sitio, que ya es mucho, así como para descodificar, revelar, percibir, apreciar y entender. Es entonces cuando vamos descifrando cada pulso, cada latido, cada paso. Los que dimos antes, los que vamos a dar hoy o los que daremos mañana. Es la prescripción facultativa que la vida nos ofrece para avanzar en el propósito de conocer el sentido último de nuestra propia existencia: ser nosotros mismos, amarnos, amar.

Solo cuando te das cuenta de las cosas puedes decidir sobre ellas. También decidir si actuar o no, en qué sentido intervenir, así como si lo consideras oportuno o si no es necesario. Si no, las experiencias pasarán junto a ti o incluso te «atravesarán», sin llegar a comprenderlas, sembrando tu vida de culpas y culpables, tal vez causando sufrimiento, sin atisbar siquiera su alcance, su repercusión o su sentido. Sin la perspectiva que te proporciona el darte cuenta realmente de las cosas, es difícil que surjan de ti la gratitud o la aceptación, es fácil que te hagas preguntas equivocadas y que no vislumbres qué tiene que ver esto o aquello contigo. Te perderás una parte importante de la vida, de tu vida, una que te ayudará a crecer, a entender su sentido y a conocerte a ti mismo. Y no da igual. Vivir sin consciencia no da igual.

Sé que no descubro nada nuevo, pero quiero hablarte de todo esto, porque tal vez para ti sí lo sea o venga bien que te lo recuerde. Quién sabe, a lo mejor esta vez llega a ti de otra manera o simplemente en el momento preciso, por tu propia evolución, para integrarlo en tu vida. Tengo que decírtelo a ti, ahora, porque, como dice el proverbio, «El maestro aparece cuando el discípulo está preparado».

«Conócete a ti mismo» son las palabras inscritas en oro en el Templo de Apolo en Delfos. Hasta nosotros han llegado a través de los siglos, de múltiples obras clásicas, personajes históricos y autores de todos los tiempos para mostrarnos la importancia de este concepto. Son unas palabras que la mayoría de las personas implicadas en el desarrollo personal hemos escuchado como un mantra y que intentamos aplicar cada día.

Digo que «intentamos aplicar cada día», porque para la adquisición de esta competencia vital no hace falta elaborar complejas estrategias. No es necesario abordar complicados planes o superar retos difíciles. Mas, en contrapartida, es una aventura para siempre, dura toda la vida: porque a lo largo de toda la vida, entrenando y desarrollando el músculo de la consciencia, cambiamos, crecemos, mejoramos, maduramos y avanzamos. Evolucionamos.

¿Cómo haces para entrenar y desarrollar este «músculo» de la consciencia? Pues con una técnica milenaria, gratuita y al alcance de todo el mundo, porque solo haces falta tú y un poco de tiempo. La consciencia se desarrolla meditando todos los días. Solo hay que meditar y vivir. Una receta sencilla, ¿no?

Sin embargo, casi siempre, cuando oímos hablar de la meditación, sentimos cierta incomodidad porque prejuzgamos, tenemos ideas *a priori* y bastante confusas al respecto. En este escenario irreal, pensamos en ello como un reto indeseable o imposible de alcanzar. De hecho, muchas personas se rinden y abandonan su proyecto de meditar incluso antes de empezar. Todo porque estamos llenos de ideas preconcebidas, no siempre acertadas ni comprendidas, acerca de lo que es. Podemos creer que es una actividad sectaria, exótica, esotérica, esnob; o que hay que dejar la mente en blanco, conectar con nuestro «Yo superior», aguantar mucho tiempo sin moverte, seguir procedimientos rígidos y estructurados, prácticas espirituales... Podemos creer que necesitamos un taco, un silencio absoluto, escenarios idílicos o una espalda y unas rodillas con buena salud. Nada de todo eso es lo realmente importante para empezar a meditar. Con tanta interferencia es difícil reconocer la verdad. Ya sabemos que, a veces, los árboles nos impiden ver el bosque. La realidad es más sencilla y más fácil que todas esas posibilidades. La meditación es entrenar la presencia y la atención. Ya está. Desde ahí se va a expandir su alcance y van a desplegarse sus beneficios, que son muchos y muy importantes.

Uno de los muchos beneficios de la meditación es el que aquí nos ocupa: adquieres control sobre tus pensamientos. Solo te necesitas a ti que, como estás vivo, respiras. A eso añade básicamente presencia y atención.

Bueno, la verdad es que a esta fórmula básica, tan accesible y asequible, habría que añadir otro elemento imprescindible, que no es la técnica en sí, sino una condición. ¿Te animas a identificar cuál es?

Esa condición imprescindible, para que al meditar se desarrolle ese «músculo» mencionado de la consciencia, es la constancia. Ni siquiera el silencio. Tampoco la quietud. Estos últimos son elementos deseables, especialmente para iniciados, pero no imprescindibles. Aunque pueda parecerte extraño, el silencio lo puede hacer uno en su interior. También hay quien medita en movimiento, o mientras barre o corta unos tomates. Así pues, convenimos en que la constancia es determinante. Ya sabes que, como dice el refrán popular, «Una golondrina no hace verano».

Al hilo de la necesaria constancia, surge otro «mantra» que viene como anillo al dedo: «La práctica hace al maestro». Esta oración me apasiona. En lo personal, porque entiendo que es liberador para todo el mundo y que para mi perfil perfeccionista es un lenitivo muy reconfortante y tranquilizador que quita mucha presión. En lo que se refiere específicamente a la meditación aplica perfectamente, como verás:

Muchas personas, al meditar, se sienten incómodas y destierran la práctica porque la perciben como estresante o perturbadora. Puede que te pase eso si no estás acostumbrado a estar únicamente contigo. Si tu vida está tan llena de quehaceres y distracciones que la mera idea de estar cinco minutos sin hacer, aparentemente, «nada» te revuelve las tripas y pone tu forma de vivir en jaque. Y más en nuestros días, donde la tecnología rellena absolutamente todas las transiciones, todas las pausas. Puede que ese tirar del freno de mano y apagar el motor por unos minutos te parezca una pérdida de tiempo, una pausa improductiva... Atención: NUNCA LO ES. Al meditar, deja de preocuparte y preguntarte si lo estás haciendo bien. LO ESTÁS HACIENDO MUY BIEN. Si eso es lo que tienes que sentir. ESO ES LO QUE TIENES QUE SENTIR. Si es normal que no puedas concentrarte. ES NORMAL. Deja de intentar que tu mente esté en blanco o que en tu entrecejo brille una luz dorada. Deja de esperar algo así como que te eleves unos centímetros del suelo o se te aparezca un conejito blanco. No, no es por ahí. Créeme, no es necesario.

Para aprender a meditar, como para todo lo demás, solo hay que practicar, practicar y practicar. Si no sabes dibujar y quieres aprender, dibuja, dibuja y dibuja. Puede que, al menos aparentemente, no se te dé tan bien como a otros dibujar, pero no permitas que pensar eso te impida hacerlo. En ese caso sería muy probable que tu decisión, condicionada por tu mente que es un lobo, fuese un error. Para aprender a meditar, medita cada día, sin juzgarte, sin esperar resultados. Disfrutando de la experiencia y del tiempo que dedicas a meditar, sin expectativas de ningún tipo. Cuando pierdes la rigidez, el encorsetamiento de tu búsqueda, cuando dejas de estresarte porque buscas, pero no estás seguro de encontrar algo o siquiera sabes lo que tienes que encontrar, cuando apartas las expectativas y los tópicos, cuando estás presente y atento a lo que pasa, sin juzgarlo... y prestas atención tranquila y desapegada justo a ese momento... es precisamente entonces, paradójicamente, sin que tú probablemente te des cuenta, cuando el músculo de tu consciencia habrá crecido un poco.

Aprenderás a tener presencia. Esto es: estar presente, aquí y ahora, con la determinación de estar donde estás en ese momento, sin desplazarte con tu mente por el espacio y/o el tiempo. Para ello tienes que prestar atención a tu mente sin prestársela. Esto es: centrar tu atención en tu respiración, que siempre te acompaña, darte cuenta de cómo es, observarla, pero sin juicio, sin implicación, incluso sin dirigirla. Solamente dejarla ser. Dejarte respirar, dejarte ser.

Notarás, con cierta frecuencia, sin duda más de la que inicialmente desearías, que cualquier pensamiento te asalta. Tranquilidad. No importa que esto ocurra. Lo que importa es que te des cuenta. Cada vez que esto suceda, despeja amablemente tu mente de ese pensamiento, procura no enredarte en él, aunque esté contigo un buen rato antes de que te des cuenta, no dejes que finalmente se enganche a tu mente y anide en ti. No permitas que sabotee tu objetivo. Como quien aparta con la mano y suavemente un globo suspendido en el aire, aparta tú ese pensamiento de tu cabeza. Sustituye la mano por devolver de nuevo tu atención a la respiración. Hasta que, de nuevo, a veces casi de inmediato, otro pensamiento quiera posarse de nuevo en ti. Así una y otra vez. Este sencillo ejercicio fortalecerá tu consciencia y te ayudará a ejercer mayor control sobre tu pensamiento. Aumentará tu capacidad de darte cuenta con todo lo que ya sabes que supone.

Es por eso, seguramente, que utilizamos otra frase muy recurrente dentro del desarrollo personal: «En el camino está la meta». Lo importante no es tanto saber meditar como apreciar y disfrutar todo el proceso que supone meditar. Con el tiempo, con la constancia de un día y otro día, aprenderás que ese proceso te abre los ojos y el corazón.

Levantar la mirada hasta el horizonte, buscar tu objetivo vital, perseguir tus sueños, aspirar a alcanzar tus ideales... puedes añadir lo que gustes, todo eso estará muy bien. Todos lo hacemos. Mas transitar por la vida de la mano de la meditación, de la consciencia es aún mejor, porque te ofrecerá una mejor perspectiva de todo. Se trata de capturar cada instante, de no aplazar sistemáticamente, hasta otro momento, aquello que anhelas o que deseas evitar, se trata de darte cuenta y apreciar los pasos intermedios, conocer las reglas de este singular y preciado juego que es la vida. Vivir todo lo que la vida pone en el camino hasta tu meta. Cada día, cada instante. Justo en cada momento. Ahora mismo también.

La vida tiene su propio lenguaje y se comunica con nosotros. Permanecer atentos a cuanto se despliega a nuestro alrededor e incluso en nuestro propio interior nos convierte en intérpretes más o menos avezados de ese código. Nos proporciona una herramienta muy útil que no viene de serie o tal vez sí, pero quizá la hayamos perdido u olvidado. Estar presentes y atentos en cada instante, para vivirlo plenamente, hace que cada instante tenga valor por sí mismo. Si estamos atentos entendemos, apreciamos y aprendemos. Maduramos. Cambiamos. Evolucionamos. ¿No es esto el desarrollo personal?

Si durante estos treinta años no hubiese aprendido todas estas cosas de la mano de la práctica habitual de la meditación —con todo lo que junto a ella llegó a mi vida—, ahora seguramente escucharía un diálogo interior que sería una amenaza, ignoro hasta qué punto, para mí misma. Cada discurso que brotara a borbotones, descontrolado, podría convertirse en un problema, en un obstáculo para avanzar en la dirección adecuada. Una dificultad innecesaria para ser feliz. Ahora sé cómo funciona la mente, cuáles son sus trampas, porque llevo años observándola. En todo caso sé que he vivido, que estoy viviendo, una vida más plena, más enriquecedora y cuajada de sentido.

Ahora ya no pasa que, al abrir las ventanas de mi cabeza, me intimide la loca de la casa, empezando a vomitarme todo su barullo, traqueteo y tensión.

Ahora ya no. O no tanto, que no es poco. A veces me ocurre (y a quién no) que, por distintas circunstancias, el ambiente del sobrado se enrarece llegando incluso a apestar. Y entonces me hago mucho daño, duele, entristece, anula… no me ayuda. Salvo que me desdoble y me convierta en el observador y me dé cuenta de que todo eso que vivo y cómo lo vivo obedece a la forma en que la mente teje mis pensamientos. ¡Ah! ¡Bienvenida a mí, consciencia! Si solo está hilvanando, me doy cuenta de que estoy a tiempo de respirar hondo y desenchufar ese pensamiento. Lo aparto suavemente, sin juzgarlo, debatirlo, enredarlo, alimentarlo... Mi observador lo coloca en su sitio, como cuando medito y acude a mi cabeza qué voy a preparar para la cena, por ejemplo. Sé que, como para todo el mundo, esos pensamientos están ahí, pero ya no se abalanzan sobre mí para sabotearme y hacerme daño. Y sé que tengo que hacer algo al respecto, pero aparto las nubes, veo toda la escena y me doy cuenta del poder de darme cuenta.

Y qué feliz soy. Afortunadamente, muchas veces, durante el camino entre mi casa y el colegio al que voy a buscar a mi hijo, recorro la distancia consciente de que todo lo que me rodea significa que no ha sido puesto ahí para mí, pero que es para mí si yo lo veo, lo huelo, lo respiro, lo admiro, lo disfruto, lo aprecio, lo entiendo.

Y entonces, me fijo en el peso de mis pasos sobre la acera y en si suenan mis zapatos. Oigo voces más cerca y más lejos. Aprecio la distancia. Veo juegos, oigo risas y a veces llantos. Todo es lo que es. Noto la brisa, ya fresca en otoño, que roza mi pelo. Ensancho los pulmones con el olor que brota del comedor del colegio. Hay muchos coches, vaya lío, pero también cipreses y pinos. Y piedras. Y perros. Me doy cuenta de que, de forma natural, he abierto la puerta de mi azotea. He respirado hondo y un aire renovado, que todo lo calma, me muestra el mundo a otro ritmo, con otro enfoque. Hace muchos años me puse una luz nueva en los ojos.

Yo he decidido con qué gafas ver el mundo y cómo vivir este momento. Afortunadamente para mí, antes de haber cumplido los veinte años, acudí a mi primera clase de yoga. El descubrimiento de esta disciplina milenaria fue crucial en mi biografía. Después me inicié en la práctica de la meditación. El camino recorrido de la mano de estas dos disciplinas y los aprendizajes adquiridos desde entonces han hecho de mí una mujer diferente. Más poderosa. Una mejor persona. Con mucho más por aprender de lo que ya he aprendido, pero feliz por todo lo que me aporta ser testigo de mis propios pensamientos. Meditar, sí. Y vivir, para integrar correctamente el observador y lo observado en el día a día.

Cada vez que traes a tu mente de vuelta cuando se dispara y simplemente continúas respirando, te acercas un poco más a la aceptación. Cada vez que aceptas, te acercas un poco más al amor. Cuando te sientas a respirar, a sentir y sentirte, te das una oportunidad de conocerte, de adquirir perspectiva y distancia respecto a lo que piensas. La mente ha perdido una pequeña batalla al querer arrastrarte, mientras que tú adquieres equilibrio y calma. ¡Oh, qué bienes tan preciados! Autoconocimiento, aceptación, perspectiva, control desde el equilibrio y la calma... Entonces todo está bien. Aquí y ahora. En este momento no hace falta nada más. Este instante tiene significado en sí mismo, vale por sí mismo, así, vacío de todo, lleno de ti. No intentes analizarlo, no compares, no esperes, no idealices, no... tú solo respira, respira... Desde la aceptación, que no es resignación, desde el equilibrio y la calma se abre paso de forma natural el amor. Hacia ti y hacia los demás. La vida adquiere una dimensión distinta. La propia vida tiene una razón de ser. Conocerte a ti mismo, amarte y dejar que ese amor se extienda a los demás.

Una última indicación por mi parte: treinta años no es nada para subir un gran escalón, así que conviene disfrutar del camino. Mientras vas dibujando el tuyo hacia tu meta, tú solo detente a observar, concentrarte y respirar. Y así uno y otro día. Comprenderás, a tu ritmo, que el propósito de esta vida es conocerte a ti mismo y tratarte con amor. Todo lo demás, lo que tenga que ser... llegará por añadidura.

También he de decirte, no voy a engañarte, que hay momentos en los que, a pesar de tanto entrenamiento, uno no puede con tanta consciencia. No es lo que desearíamos, pero... así es la vida, para eso hemos venido. Para aprender y crecer. Esto es, sin duda, un pilar importantísimo, si no el que más, del desarrollo personal.

NURIA GARCÍA
@telocuentoporescrito

Nuria García «Samaya» nace en Madrid en 1970, año en el que se puede empezar a disfrutar de la televisión en color. Se licenció en Filología Hispánica con la vocación de poder enseñar a recorrer, con la literatura, el camino que a ella le ayudaba a comprender el mundo. Se inicia muy joven en la práctica del yoga y la meditación. Su formación y trayectoria profesional variada tienen las mismas constantes: la palabra, la comunicación, la imagen, la enseñanza, las personas y la búsqueda de la esencia de quiénes somos. Su gran necesidad de crear, de introspección, de equilibrio y armonía la llevan a sumergirse en formas de expresión como la literatura y la pintura de mandalas (@samayamandalas).

ROBERTO PIZARRO

CONSIDERACIONES FILOSÓFICAS PARA EL DESARROLLO PERSONAL

Cuestionando los fundamentos que determinan nuestras creencias y forma de pensar

En la vida existen diferentes formas a través de las cuales podemos conocer y, dependiendo de cuál de ellas adoptemos, lo que aprendamos sobre la realidad variará. Por ejemplo, aquel que piensa que la existencia se reduce en última instancia a la dinámica de los átomos, podemos decir que entiende las cosas a través de la doctrina homónima del *materialismo atómico*[1]. O aquel que piensa que lo que más importa al ser humano es la libertad y que todo depende de nuestra voluntad, ese preconiza un *liberalismo voluntarista*[2]. O aquel que basa sus acciones en la suma y resta de los beneficios y perjuicios que pueden producir sus acciones, es decir, en la «utilidad» de las mismas, está claro que se ciñe a la doctrina del *utilitarismo*[3]. El que cree en un Dios trascendente, adscribe a un *teísmo trascendental*. Si asimila Dios a la naturaleza, se dice que interpreta las cosas de acuerdo a un *panteísmo*.

Los anteriores son todos dogmas filosóficos. Son «dogmas», pues dan por hecho algo y se atienen a ello; como las piezas de un lego, que permiten a un niño reconstruir la realidad (un castillo, por ejemplo) cuadriculadamente. Son «filosóficos», por otro lado, en circunstancias que apuntan a los fundamentos de la realidad última.

Es importante entender que toda ciencia (la química, por ejemplo) y todo saber (el *coaching*, la numerología o la religión), de hecho, se sustentan en una doctrina o dogma. Pues la creencia de que nuestra forma de entender las cosas es la única posible —o la mejor— tiene importantes corolarios en la vida social, en el sentido de que esto afecta nuestra capacidad de entendernos con los demás.

Es relevante señalar también que los marcos interpretativos antedichos no son excluyentes necesariamente. Por ejemplo, un ejecutivo de una firma bien puede ser un materialista atómico que, no obstante, cree en la sociedad liberal —e incluso en el utilitarismo en la esfera del trabajo— como resultado inevitable de las relaciones materiales entre los átomos[4].

Habiendo tantas alternativas, una pregunta que surge entonces es: ¿cuál de ellas es la mejor? La respuesta a esto es que, al no ser plenamente rebatibles dado el carácter irreductible que ostentan (nadie puede esgrimir argumentos indiscutibles contra la existencia de los átomos o Dios), cualquiera de estos esquemas está en posición de condicionar nuestra forma de conocer.

Pues bien, ¿cómo escoger en consecuencia? No hay un método preestablecido, pero sí la seguridad de que, conociéndolos, se abrirán nuestros horizontes, modificando la forma en que pensábamos y, aunque las demás perspectivas no dejarán de tener un potencial de verdad porque no las adoptemos del todo al final del día, la que teníamos nosotros se verá fortalecida al menos desde el punto de vista argumentativo, trayéndonos más seguridad. En esto, sin embargo, debemos ser precavidos y saber distinguir entre el empecinamiento y una genuina apertura a otras maneras de conocer. Pues alguien, de mala gana, podría aplicarse al aprendizaje de un sinnúmero de doctrinas y afirmar: «Me lo he leído todo, pero mi verdad me sigue pareciendo imbatible», cuando lo cierto es que su disposición a ello fue mala desde un comienzo. Este sesgo de autocomplacencia es más corriente de lo que pensamos y desgraciadamente lo practicamos en los distintos ámbitos de la vida, por lo que hay que estar atento a los sentimientos que acompañan su aparición para atajarle en sazón[5].

Finalmente quisiera añadir una nota relativa a la filosofía posmoderna, representada por pensadores contemporáneos como Jean-

François Lyotard (1924-1998) y Gianni Vattimo (1936). Según esta corriente de pensamiento, vivimos una era posmetafísica y poshistórica en la que los grandes relatos han caído, de tal suerte que ya no es ético hablar de una determinada forma de entender lo real en sus bases si no es de un modo provisional, pues siempre es posible descubrir otras opciones. Y la forma de hacerlo, según estos autores, es valorando la diferencia, abriéndonos a ella y constatando que, siempre que escogemos una vía y construimos el mundo sobre ella, nos echamos al bolsillo las demás, por lo que se hace importante entregarse de buena voluntad a comprender *lo otro*. Si lo hacemos, además, trascenderemos la temporalidad lineal y la idea de que la historia de la humanidad se resume en un progreso indefinido que solo puede terminar en la absoluta emancipación de los sujetos, pues lo cierto es que eso que llamamos historia está repleto de «verdades» acalladas; verdades locales o microverdades cuya reconsideración podría conducirnos a una mejor comprensión de lo que somos y de cuanto nos rodea.

¿Buenos o malos? El valor de conocerse a sí mismo en la honestidad de conciencia

La maldad es una potencia presente en todos nosotros, en mayor o menor medida, y de su asunción depende nuestro perfeccionamiento moral.

Ninguno de nosotros pensaría que es una persona mala, porque pensamos lo malo como algo que puede endosarse a quien está pensando en dañar o daña permanente o desmedidamente a los demás. Pero lo cierto es que, en principio, lo bueno y lo malo remite ante todo a nuestro espectro de valores (o «moralidad», la vara con la que juzgamos lo que es bueno y malo) y no tanto al de un tercero.

Consideremos, por ejemplo, la situación de un ignorante delincuente para el cual el mero acto de delinquir puede estar legitimado para él —y, por lo tanto, ser «moral»—, dado que siente que la sociedad es injusta con él y no le provee oportunidades para sostenerse a sí mismo, a sus seres queridos y, en fin, desarrollarse en tanto que ser humano (subrayo lo de «ignorante», porque en este caso tal sujeto no conocería otra forma de bien sino a través de la represalia contra aquello que le resulta inicuo).

Asimismo, no es raro escuchar a alguien decir «Soy una persona de bien», pero, bien mirado, si fuese tan riguroso consigo mismo como lo es penalizando las faltas ajenas, se daría cuenta de que zanjar esto es bastante difícil. ¿Qué criterios emplea para decidirlo? ¿Lleva acaso un balance exhaustivo de sus acciones? ¿Le basta y le sobra con una suma y resta laxa de ellas? La dificultad sería innegable si pensara en la cantidad de veces que prefirió hacer caso omiso a sus malos sentimientos y las acciones inminentes que se deducirían de ellos o, bien, en la cantidad de acciones «buenas» que están sustentadas en el hecho de haberse portado inmoralmente (es decir, infringiendo con más o menos deliberación los valores que dice defender).

No hace falta, por consiguiente, ser un villano de película o tener un gran poder para ser una muy mala mujer o un muy mal hombre. Pero tampoco necesitamos serlo para invertir esa situación cuando es detectada. Solo basta tomarnos la molestia de reflexionar rigurosos cuanto somos.

Y para aterrizarlo, imaginemos que somos muy curtidos relacionándonos con los demás desde el trato superficial, pero que, a la hora de afrontar una situación conflictiva con otro ser humano, nos empecinamos en nuestra posición y bienestar, obviando los de aquel. Si recibimos un insulto, lo más probable es que de inmediato le cerremos la puerta a quien nos afrenta y que todo lo demás sea una seguidilla de reacciones indispuestas que no harán más que avanzar hacia el fin de la relación, ojalá exterminando la presencia del otro o presenciando su decadencia (lo que, por supuesto, jamás admitiríamos en nuestra conciencia en aras de sentirnos moralmente bien con nosotros mismos). Ahora bien, también es cierto que ese otro pueda ser —y de hecho esté siendo— una mala persona, pero ¿entonces lo que vale es la ley del talión, y que por cada ojo y diente que nos saquen, nos hemos de resarcir sacándole los suyos al mutilador? Si ese es el caso y hemos analizado severamente nuestros valores, entonces no hay nada que hacer: *alea iacta est* y, por terrible que parezca, no perderemos un ápice en moralidad. Pero si no es de este modo —como creo es el caso de la mayoría de nosotros— y aun así tomamos dicha ley para justificar nuestros actos, entonces estamos suspendiendo o relativizando la moral convenientemente para nuestra tranquilidad mental.

No es fácil, ¡vaya que no!, asumirnos malos cuando lo somos. Sin embargo, si nos habituamos a ello, notaremos con qué dificultad podemos juzgarnos personas de bien, como decíamos al comienzo. En esto el ego es de la máxima relevancia: si nos concentramos en nuestras bondades, soslayando las malevolencias, es evidente que difícilmente avanzaremos hacia un nuevo estadio del desarrollo personal, que es a lo que nos convoca este libro. En cambio, seguiremos debatiéndonos en las inquinas personales de siempre.

Por último, el conocimiento de uno mismo en sus virtudes y lacras pasa también por reconocer a los demás en la consideración de la manera diferente con que miran las cosas, es decir, por respetarles, mas no en el sentido flojo de permitirles expresarse o tomarse a la ligera lo que me incomoda de ellos para hacer de la convivencia, digamos, algo llevadero, sino en ponerme en sus zapatos de veras. No obstante, esto nos conduce a otro nivel. Porque la pregunta sobre cuánto me debo a la perspectiva y a la vida del otro convoca no solo a quien, conociéndose, busque simplemente ser coherente con su moralidad, sino también a quien esté en la búsqueda de una mejor moralidad, si no de un *ethos* básico universal.

El poder reflexivo de la ética para reconsiderar nuestro itinerario existencial

Ética y moral son dos conceptos diferentes, pero que forman parte de una misma urdimbre.

Son pocos los que hacen el distingo y más pocos los que pueden precisar una definición simple. Y esto es porque ambos son asimilados a elementos ornamentales, es decir, que están ahí para adornar el discurso, para imprimir elegancia al estilo, porque es de buen gusto invocarlos o nos hace parecer serios (aun cuando un minúsculo gemelo nuestro, a punto de ser aplastado en nuestro interior, nos está gritando que no nos importe serlo y que más nos mueve ese apetito propio del intelectualoide que quiere verse a sí mismo prescribiendo recetas al mundo).

En esto seré breve y conciso: filosóficamente hablando, mientras que la *moral* persigue nuestra adherencia a una escala de valores con el fin de regular el comportamiento (se es bueno en la medida que pongo en práctica mi prédica de lo que considero bueno), la *ética* reflexiona acerca de si acaso esos valores son los únicos posibles o si hay una mejor moral a la que podría adherir y que, por ventura, pudiese ser válida para todo el género humano. La ética, en efecto, reflexiona la moral, si bien esta no es por ello inferior, pues, así como es causa, también es efecto de la ética (debido a que lo que resulta del proceso reflexivo es una nueva moralidad, si no una moralidad robustecida —o incluso intacta—, en la cual puedo basarme para obrar en el mundo).

La ética, en fin, es filosofía de la moral. Y la moral, la fuente y también la forma consolidada de la ética. Y es importante que lo entendamos de este modo, ya que de ordinario se hace coincidir la moral con la valoración de lo bueno y lo malo en la esfera individual, en tanto que la ética constituye una suerte de moral universal. El problema de estos juicios radica en que ambas categorías son expuestas como bases estables (un set de valores con alcances diferentes), dejando de lado el proceso reflexivo que entraña la ética. De ahí que, por ejemplo, se hable de la «ética» de los ingenieros, la de los médicos, la de los periodistas, etcétera, y se les entienda como códices —y no como procesos de examen y crítica de los valores profesionales —y los mismos ingenieros, médicos y periodistas apenas los revisen, enseñándolos a los alumnos en las universidades como unos mandamientos secularizados susceptibles de revisión únicamente cuando las universidades mejor posicionadas en el *ranking* global les obligan a hacerlo después de tomar la iniciativa (suponiendo que la toman en este respecto).

Para que no quepan dudas acerca del carácter razonante de la ética, tomemos como ejemplo el pensamiento del filósofo lituano Emmanuel Lévinas (1906-1995), quien tuvo la genial intuición de proponer la ética como filosofía primera según la siguiente *performance*: cuando se piensa la realidad hay que hacerlo anteponiendo al otro o lo otro para todos los efectos (la de Lévinas, sí, es una filosofía o ética de la otredad). ¡Qué importa si nadie lo hace! De nada valen esa laya de justificaciones: cuando las cosas no marchan bien en una civilización que tiene un repertorio de valores —o moral—

que antepone la singularidad de un sujeto o colectivo en desmedro del resto de sujetos o colectivos, no porque los demás no piensen —o reflexionen éticamente— esos valores, nosotros nos abstendremos de hacerlo.

El pensamiento levinasiano resulta ser tan inteligible como bello cuando se comprende su raíz trágica: su familia fue acribillada por el estado nazi debido a su condición judía. Es por esto que para Lévinas todo cuanto hay nos concierne («Todos somos responsables de todos los demás, pero yo soy más responsable que cualquier otro», leeríamos en *Los hermanos Karamázov* de Dostoyevski); es inmensurable en su complejidad y no puedo endosarle una etiqueta sin más o hacer un concepto precipitado y disminuirlo tajantemente según mi modo de ver el mundo («Esto eres tú y así te trataré», «Este es mi Dios y así su ley», «Esto es un ser humano y eso de ahí, qué sé yo, un "subhumano"», etc.). En su filosofía le damos espacio a los otros —y a lo otro en general— para realizarse y para que nos ayuden a entenderlos y hacernos una imagen provisional de ellos y de lo que necesitan, sin cerrarles la puerta a redefiniciones futuras por culpa de nuestros prejuicios o de nuestro engreimiento intelectual. Lévinas afirmó: «Toda civilización que acepta el Ser [es decir, que intenta apoderarse de la verdad detrás de todas las cosas reduciéndolas violentamente a su perspectiva], con la trágica desesperación que contiene y los crímenes que justifica, merece el nombre de "bárbara"». Esto toca también a toda la tradición filosófica y, mirado con atención, habla muy bien con la filosofía posmoderna expuesta al final de la primera sección.

Ruedo y ruedo: el puesto del hombre conectado al engranaje social

Hoy más que nunca la infraestructura que sostiene nuestras actividades como civilización reclama de nosotros buena parte de nuestra existencia. Ya no se trata solo de un potencial desgaste físico, sino de la colonización técnica de la conciencia.

Encasillados en el logro de objetivos (técnicos) en las organizaciones en las que nos desempeñamos, perdemos de vista la totalidad de lo real, con lo cual nuestra contribución a la vida personal y social se da de manera indirecta y acrítica. En cuanto a esto, he llegado a escuchar expresiones tan conformistas y triviales como: «He hecho todo lo que haría un buen ciudadano: trabajé y lo hice bien, pagué todos mis impuestos y contribuí al PIB. Encima le he legado hijos bien educados a la sociedad. ¿Qué otra aportación pública mejor podría haber realizado?». Mas ¿qué mérito tiene dejarse arrastrar por las inercias de los sistemas sin detenerse a pensar un segundo en la bondad del acto?

Por cierto, al estudio de los fundamentos e implicancias del fenómeno sistémico-tecnológico en el mundo se le denomina *filosofía de la técnica*. Pero esto poca importancia tiene cuando los filósofos son también hoy esclavos de sus propios sistemas conceptuales y metodológicos.

La toma de conciencia del imperio que ejercen las lógicas de nuestros sistemas y tecnologías (máxime los laborales) es una deuda que tienen todavía las sociedades liberales consigo mismas si lo que buscan es, efectivamente, la emancipación de cada uno de nosotros. Desgraciadamente es tan difícil conocer sobre estas materias cuando hay una miríada de saberes hiperespecíficos para cuya aprehensión la vida no nos da abasto, que no sabemos cómo acometer o articularlos. Como técnico, en efecto, puede uno hablar una lengua admirablemente sofisticada, fruto de décadas de estudio y ejercicio profesional, pero ¿qué tanta justicia hago al resto de saberes al conocer de ellos muy por encima? Luego ¿puedo comprender lo que la realidad es cuando solo puedo escudriñarla «bien» desde apenas un ángulo?

Claramente la solución no pasa por seguir estudiando, sino por buscar nuevos términos o modos más integrales de capturar lo real. Esto no es algo que vaya a conseguirse de sopetón. Más bien requiere una deliberación crítica sobre la trama sistemática que impregna y regula nuestras existencias. Ahora bien, ¿por qué no vivimos simplemente como quien habita un espeso bosque, aventurándose por alguna de sus sendas sin otra brújula que el instinto? ¿Para qué cuestionarse tanto las cosas?

Para quienes se sienten satisfechos con el estado actual del mundo y no les importa hallarse supeditados a tal o cual entidad o fenómeno, es fácil endosar falta de voluntad a quienes no quieren aceptar la pesantez de la realidad. Entonces estos son llamados por aquellos a mudar de perspectiva, a enfocar las cosas «más positivamente», o bien, «tomárselas a la ligera». Se les recomienda, con una laxitud que raya la apatía, que vayan al cine, salgan a hacer *trekking* o andar en bicicleta, viajen, coman bien, escuchen música o concierten un encuentro con su pareja, amante(s) de turno, padres, hijos o amigos. Y no es que estos panoramas carezcan de valor, sino que ellos son reducidos a meros paliativos que compensan las tensiones del devenir en los sistemas, lo cual degrada su intrínseco valor. Porque lo que importa al cabo es la estabilidad de la persona en cuanto operador o mecanismo, no su estatuto humano.

En línea con lo anterior está también el llamado que suele hacerse en los hábitats laborales a cuidar el clima que se da entre sus colaboradores, evitando referirse a cuestiones de índole política o que confronten las más hondas convicciones de los empleados. Porque de lo que se trata es de tener relaciones llevaderas, así sea a costa de chistes superfluos o preguntas cotidianas acerca de si descansamos el fin de semana, qué comimos durante nuestro espacio de colación, si todo está bien, etc.; todas expresiones vacías en intencionalidad, porque no apuntan por parte de quien las emite a conocer nuestro estado tanto como a aparentar normalidad y hacer las preguntas que «todo el mundo hace».

Lo que intenta plasmarse aquí es dónde están entonces el lugar, el tiempo y las condiciones generales para reflexionar la mecánica social y emprender reformas sobre ella.

La pregunta es sustantiva si consideramos que, en general, el trabajador promedio dedica más de la mitad de su tiempo consciente —y de esta porción, aquella parte donde tiene la mente más fresca y descansada— a laborar en pos de proyectos corporativos en cuyo diseño no ha participado. Alguien podría contraargumentar que uno es libre de escoger dónde quiere trabajar, pero si así fuese, los portales de trabajo no se abarrotarían de solicitudes que intentan calzar dondequiera. Porque no interesa tanto dónde me seleccionen como el hecho de que el empleo me arrancará de la cesantía y me tendrá en funciones a las que ya estoy más o menos habituado y que me pueden permitir seguir escalando hasta alcanzar cierto renombre profesional.

La alienación técnico-laboral se remonta a nuestros ancestros, así fuera cosechando alimentos, acarreando grandes bloques de piedra para la edificación de las obras públicas u ofrendando oraciones a los dioses protectores de la humanidad; todas actividades repetitivas similares al envío de emails y el agendamiento de reuniones con los *partners* del negocio. Y no es que el trabajo en sí sea malo, sino que cabe pensar que su modalidad actual, a estas alturas del partido, no sea la mejor posible para una legítima dignificación del espíritu.

A veces no nos damos cuenta de esto. La estrategia mental, como siempre, consiste en vedar cualquier asomo de incomodidad normalizando la situación y subestimando nuestra capacidad individual para subvertirla («¡Si no puedes contra ellos, úneteles!», nos decimos). Y para no perjudicar el sentimiento de nobleza personal orientamos nuestra voluntad hacia fines que están más al alcance de la mano y que son aceptados socialmente, como engendrar y cuidar de un hijo (en el que depositamos la esperanza de que llegue a realizarse todo lo que no pudimos nosotros), instalar un negocio o ascender a la plana ejecutiva de una gran multinacional, aun cuando desde esta posición el compromiso con el propósito global de la compañía será más férreo por el alcance y obligaciones del puesto, coadyuvando así a la conservación de los sistemas vigentes.

Por supuesto, no todos los individuos pueden sentirse igualmente interpelados frente a las mismas situaciones. Los irreflexivos han sido desde antaño una constante en la historia civilizatoria, si bien no por ello han sido menos importantes. Baste señalar aquel incidente del que se jactan tanto los filósofos y que versa sobre la carta en que Aristóteles cuestiona la pretendida sabiduría de su discípulo Alejandro Magno: aunque el filósofo pudo tener razón, no por ello el rey macedonio y conquistador se vio disminuido en su apelativo (el influjo de Alejandro es indiscutible). Por esto, estas consideraciones filosóficas llaman principalmente a aquellos sujetos proclives al razonamiento profundo para que puedan servirse de ellas más o menos para modificar sus vidas y acrecer su calidad humana. Porque la inquietud o belleza de la posibilidad está ahí y algo tenemos que hacer con ella; algo que va desde el desprecio más soberbio de estas letras hasta su plena asimilación.

ROBERTO PIZARRO CONTRERAS
@robertopizarrocontreras

Ingeniero y magíster en filosofía chileno, especializado en procesos, robótica e inteligencia artificial nacido en el año 1986, el mismo año de la tragedia del transbordador espacial Challenger. Es un convencido del potencial transformador de la filosofía para hacer frente a los nuevos desafíos civilizatorios, en lo inmediato, en la esfera de las profesiones y los sistemas laborales. Y es que, en opinión de este autor, solo cuando los profesionales cobren conciencia de la mirada local y acrítica con que han aplicado sus técnicas hasta acá, solo entonces se abrirán espacios de cuestionamiento y deliberación que permitan forjar otras formas de organización de la capacidad trabajadora, subvirtiendo las dinámicas de poder que facultan, para poner la existencia y aspiraciones de cada persona al centro y no al revés, subordinando estas al imperativo de los sistemas.

NOTAS

1. La física de partículas, encarnada en personajes de la talla de Albert Einstein (1879-1955) o Stephen Hawking (1942-2018), concibe la realidad como una serie de elementos invisibles al ojo humano –denominados «átomos»– dotados de ciertas propiedades físicas que constituyen todo cuanto hay.

2. El liberalismo es una corriente de pensamiento fundada por el filósofo y médico inglés John Locke. En su esencia, defiende la idea de un sujeto emancipado del Estado y de cualquier otro orden (alternativo o complementario) que otorgue *a priori* privilegios a algunos seres humanos a expensas de los demás.

3. Exponentes clásicos de esta escuela son los filósofos y economistas Jeremy Bentham (1784-1832) y su ahijado John Stuart Mill (1806-1873). «La mejor acción es la que reporta la máxima felicidad», he ahí el lema de los utilitaristas (en el caso de Bentham y Mill, esta felicidad se entiende en clave colectiva, es decir, orientada al mayor número de personas y no a una sola).

4. No podemos, sin embargo, ser teístas y materialistas atómicos al mismo tiempo. Detrás del telón está Dios o los átomos, pero no ambos como fundamentos de lo real. Esto no quita que podamos tener una entidad trascendental, como la divinidad cristiana, que nos construyera a base de átomos, si bien en ese caso el materialismo atómico ocuparía un lugar secundario.

5. El sesgo cognitivo es un fenómeno psicológico estudiado en la «teoría de las perspectivas» del nobel de economía Daniel Kahneman (1934) y su colega Amos Tversky (1937-1996). El sesgo que referimos adquiere acá la forma específica de un «sesgo de confirmación», que podemos entenderlo como un atajo mental para la supervivencia que puede permitirnos tomar distancia y distender el ánimo ante un conflicto. Con todo, si no se toma razón de sus efectos, este sesgo puede conducirnos al olvido o a una conciencia negligente que no aprovecha la potencia reflexiva que subyace al acto de retrotraernos a la vez que torna inviable el retorno al problema para hacerle frente con la mayor entereza moral.

LIBIA MONTOYA

EL DOLOR FÍSICO Y LA SUPE-RACIÓN PERSONAL

Las odiosas comparaciones

La autoobservación, esa canalla necesaria es la que me ha traído hasta aquí. Y es que no es fácil hacerse una disección mental y física y más cuando se es una observadora: de pequeña había nacido «normal». Es el término que se utiliza para decir que el nuevo ser que viene a poblar la Tierra tiene las cosas en su lugar: brazos, cabeza y piernas. La vida es una constante incertidumbre. Después de caminar, y ya con un año, aparecieron fiebres altas —ojo con las fiebres, hacen cavilar que algo grave está ocurriendo—. Finalmente, tras varios chequeos concluyeron lo siguiente: «Secuelas de poliomielitis» y, como consecuencia, pie derecho equino varo. A menos que sea con una muleta, no voy a poder caminar.

Las necedades que se dicen en el exterior no deben perturbarte, por favor, permanece inmutable. Esos «no puede», «no puedo» son el resultado de tanto negativismo que se escucha fuera; todo son problemas ahí fuera. Hasta las gotas que caen de la lluvia son motivos de problemas, de angustia: «¡El aguacero me dañará el cabello recién cepillado!», «¡Diluvia! A llevar paraguas». ¡Vaya inconveniente, querido lector!

Y mientras tanto la niña que llevo dentro va dándose contra el mundo tras los diagnósticos. Menos mal que el sistema cognitivo auditivo, aunque es poderoso y mucho, está por debajo del nivel sensorial visual. ¡Cuidado con lo que percibes, con lo que escuchas! Lo digo porque con lo del aguacero me quedo corta. Y lo expresamos como si estuviéramos viviendo en el propio apocalipsis: «No puedo con esta jaqueca» —se escucha por ahí, y encima las razones para tanta queja están a la orden del día. Nos quejamos tanto, que hasta las legañas de las mañanas las vemos como una gran molestia. Valdría la pena mirar otro tipo de incomodidades. Eso sí, con lupa.

Y mientras yo, con la pata de caballo. Perdón por los que tienen el pie equino varo, pero hay que tener en cuenta que andaba descalza por casa, así que lo único que le faltaba para que el pie fuese una «pata» es que tuviese cascos de caballo. Usé una técnica, la de andar descalza, que utiliza el técnico y experto en caballos de Tenerife Jesús García con su definición del *barefoot*, o pies descalzos, para evitar el herraje de los caballos. Este experto concluye que los pies descalzos alargan la vida de los caballos. Así es que debido a ello, y con perdón, «el animal recupera su salud». Todos intentando recuperar la salud, eso es lo más importante. Cuánta razón tiene también Rafael Román Molina en su libro *Recupera el mando de tu organismo*. Hago referencia a lo anterior porque todos queremos y debemos tener una buena salud. No obstante, en nuestra vida hay condiciones inevitables adheridas a nuestra condición de ser vivo.

El tiempo

Algunas cosas se van volviendo crónicas. El dolor de cabeza tiende a convertirse en migraña. Ahora ataca al sistema auditivo, el maxilar. Las cervicales empiezan a dar unos *tracks, tracks* que fastidian. Lo único crujiente deberían ser los alimentos, pero... ¿qué le vamos a hacer? En cuanto cumplimos más años, por lo general, crujimos; estarás de acuerdo, amigo lector. El pie equino varo me ha salvado de romperme la cabeza, pero también me ha salvado del uso de la muleta. Me ha valido el método de ensayo error que todos llevamos por genética. Ahora me paro y doy varios pasos, eso sí, con un antecedente: el pie me vale solo para apoyarme, por eso, si no camina con rapidez, *¡pum!*, al suelo de nuevo. Y es que unas centésimas de segundo que gaste de más en maniobrar con el bamboleante pie tienen las consabidas consecuencias.

¿La ventaja? Ahora todos la miran con sorpresa y me animan con aplausos, esa es la importancia de rodearse de un buen equipo. Pero no me detengo, aunque quisiera, voy creciendo con ganas de trepar a los vivideros más altos; igual que lo hacen mis hermanos, sin embargo, ahí están los mayores y sus exageradas prevenciones: «¿Cómo se les ocurre empujar a esa niñita a trepar a los árboles? Ese pie no la sostiene». ¡Vaya! Las limitaciones. Y mientras tanto los demás niños disfrutan en lo alto del sabor dulce de los guamos. A ella, en el suelo, esos algodones empapados que salen de esas enormes vainas verdes le saben agridulces. ¿Y si la dejaran subir? Es la inquietud que la asalta todos los días.

Me está preocupando la achacosa, ¿qué sucede con ella? El traumatólogo la mira a los ojos y con actitud seria lee el diagnóstico con la pausa de los dos puntos y aparte: «Artrosis degenerativa». El paracetamol alivia su dolor en el fémur izquierdo. Pero levemente. El tramadol, en cambio, la alivia por varias horas, el problema es la alteración nerviosa, pues berrea como un recién nacido. Y después de que se le pasa el efecto, dibuja.

A todas estas… ¿dónde está la niña del pie equino? La pequeña se ha cansado de mirar a sus hermanos en lo alto, en medio de los ramajes. La posición de las cuclillas no es recomendable. Aunque a ella le vale para diseñar una estrategia desde su sitio con las vainas de las guamas que se ha comido y también con las que caen. Es una buena estrategia para estar al nivel de los demás, pero claro, sin moverse de la tierra. Ella se ha subido a la última copa del árbol, al menos visualmente.

¿Y cómo está la mayor? La mayor ahora tiene una colección de huesos dibujados. Algunos muy repintados, eso con la mala intención de transmitir al papel cada punzada de sus dolores que van desde la cadera hasta el tobillo. Eso sí, dibuja al detalle y a escala cuando no va en su muleta que, por cierto, lleva de mala manera: recarga tanto su peso en la mano derecha, que trae otra consecuencia. ¿Alguien le habrá dicho a Frida Kahlo que dibujar el dolor no es terapéutico? A mí no me ha servido, quizás ha ido a peor. Cada vez tengo que subir más la intensidad del rayón. Esperemos que no sea demasiado tarde y que la autocompasión no haya arrasado con mis sueños.

¿Y qué hago de niña grande después de subir a las copas de los árboles más altos? Ser observada desde donde antes observaba. Me trae motivación y reconocimiento, pero también la creencia en aquella máxima: «Si quiero, puedo». Aunque los golpes contra el suelo no se rebajan, la ahora joven hace natación, juega al voleibol, baila. Bueno, eso es mucho decir. Ella hace temblar su pie equino con música. Eso sí, utiliza tenis —el calzado con suela delgada y de caucho, además tiene que llevar cordones para apretar bien ese casco bamboleante—. Y ahora se le ha metido en la cabeza que tiene que ir en bicicleta.

¿Y cuál es mi sueño? Quiero escribir, pero es que el dictamen médico está ahí: artrosis y es degenerativa —suena feo y certero—, la decadencia es manifiesta. Me parece ridículo meterme en veinte sesiones de rehabilitación por una enfermedad que no tiene cura. Detesto el dolor en el antebrazo. «¡Dios, las manos!», me quejo, me autoaniquilo. Pero es que, ¡claro!, con tantas experiencias vividas en carne propia y ajena, al final me traumatiza, llegando a una tristeza que raya la depresión, pero eso sí, aprendiendo y superando cada día. No permitas llegar a este punto porque tienes que lidiar con un cuerpo lesionado por las heridas de guerra y con los pensamientos derrotistas. Y al final somos lo que pensamos.

Cada día representa un reto para mí. Caerse a cada rato no tiene la misma gracia que aparecer y desaparecer como por encanto; esto me ha dado el grado de encomendera de la casa y lo he conseguido con mi estilo fantasma. En cambio, lo de la bici, eso sí es un gran reto, sobre todo si vives en un mundo plástico. Ahí sí hay que tener coraza. Los golpes en el suelo, la tierra en los labios, los raspones en las rodillas, el estremecimiento de los órganos internos con cada sacudón no son precisamente caricias. Lo que en realidad te puede tirar a la lona son esas palabras que hacen agujeros en el alma: «Esa bici no es para ella», «Con ella, ni a la esquina», «No me gusta porque es coja». Esas frases lesionan, especialmente por los tonos. Y es que entrar en el ámbito del patrimonio interno es otra cosa. Allí lo que hay que tener es coraza para encajar la dureza de palabras torpes.

El dolor, aciertos y errores

Un médico te abre para una operación de apéndice. Tu médico te abrió y en sus manos enguantadas quedó la tibieza de tus vísceras calientes y la responsabilidad de sacar, arreglar cortar y volver a coser hasta que vuelves a este plano terrenal. Y todo no solo gracias al médico y su equipo, también es gracias a William T.G. Morton. «Era el 16 de octubre de 1846, bautizado desde entonces como el día del éter», considerado como el nacimiento de la cirugía con anestesia. Pero esa magia de abrir tu cuerpo y no sentir dolor alguno es solo para momentos puntuales, nadie querría estar anestesiado veinticuatro horas con el fin de estar inmune a los dolores físicos. En el argot popular, el dolor para algunos es sentir una molestia palpable, para otros es sufrimiento. Es sentirse mal, es ser dependiente, es estar tan triste, que no se tienen ganas ni de peinarse… es algo tan duro, que quita las ganas de todo. Lo más tenaz es que hay quienes deseamos que la vida termine ya.

Pero veamos, querido lector, ¿qué es entonces para la ciencia el dolor?

La revista de la Sociedad Española del Dolor, en su artículo: «Una nueva definición del "dolor". Un imperativo de nuestros días» —encontrado en la biblioteca virtual Scielo—, lo define así: «una experiencia sensorial y emocional desagradable asociada con una lesión presente o potencial o descrita en términos de la misma y, si persiste sin remedio disponible para alterar su causa o manifestaciones, una enfermedad por sí misma».

Al desmenuzar la anterior definición podemos concluir dos cosas. La primera es el desconcierto y el pesimismo frente a un diagnóstico médico, ya que es duro y hasta increíble tener que asumir que frente a una patología de dolor no haya remedio, y que aun con las terapias podría persistir sin cura, es desalentador. La segunda conclusión viene como respuesta a la primera: la misma ciencia, ante la insuficiencia de mecanismos que erradiquen el dolor de una enfermedad crónica, recomienda y complementa las terapias con más disciplinas, incluyendo las psicológicas. Menos mal, pues se abren posibilidades incluso en el campo filosófico para la cura o la gestión del dolor físico.

¿Qué opinan las ciencias especializadas acerca del impacto del dolor crónico en el paciente y cuáles son las cifras en España a este referente?

Según la *Revista de la Sociedad Española del Dolor*, uno de cada cinco europeos, eso significa un 19 %, sufre de dolor crónico, mientras que en España la cifra baja levemente a un 17 %. Así mismo, en esta revista se nos dice que «El dolor tiene un efecto devastador en muchos aspectos de la vida diaria». Incluso se afirma que el 62 % de los encuestados manifiesta sentirse incomprendido; y es que la poca comprensión del entorno raya en un 47 %, una cifra muy alta si se trata de tu entorno... dudan de la existencia del dolor, lo que desarrolla, en las afectadas, consecuencias psicológicas entre las que se cuenta la depresión. Por lo anterior podemos afirmar, en concordancia con la *Revista de la Sociedad Española del Dolor*, que «el manejo del dolor crónico es complejo dado su carácter subjetivo, por lo que se puede dificultar y establecer su origen y la opción terapéutica puede tardar».

Una decisión inquebrantable

Amigo lector, estarás de acuerdo conmigo en que los cambios de la vida van de la mano con las decisiones en momentos importantes. No quiero lucir pedante y mucho menos jactarme del dolor. Es necesario que te hable con la verdad. Mi situación de salud ante mis ojos era deplorable. Mi traumatólogo me ordenó varias sesiones de terapias contra el dolor. Consistían en un gel esparcido sobre la cadera más varios minutos de calor. En un principio tenía fe en que ese gel me haría el milagro, pero con el paso de las sesiones el alivio era momentáneo. Entendí que ese mal era crónico. Me daba tanta rabia, que tenía cara de amargura todo el tiempo. Estoy segura de que aquella condición no solo impedía cualquier posible mejora, sino que me había llevado a sentir una rara debilidad en ambas piernas; no me sostenía. El pánico me superaba, y es que no solo eran las piernas... las manos y una especie de cordones dobles me atravesaban la columna de abajo a arriba llenándome de electricidad. Cada vez que esto me sucedía, yo tragaba grueso por la angustia. Fue cuando tomé la *madre* de las decisiones.

«Puedes pararte del suelo, ¡puedes!» —me repetía y me empoderaba con esa imperiosa necesidad de la realización interna del «yo puedo»—. Una fuerza extraña, mental, me recorría todo el cuerpo en esos intentos del «puedo».

Así que, ayudada por una gruesa cobija y con el mismo mecanismo de mi infancia de observar y autoobservar, intentaba ponerme de pie sola. Al principio no alcanzaba ni treinta centímetros, solo sudaba y no lograba una respuesta positiva a mi propósito. Poco a poco fui logrando robustecer mis piernas, la debilidad se cambiaba por fuerza, eso sí, lentamente, apenas era perceptible. Me emocionaba. Y es que la cobija me sostenía hasta determinada altura, el borde la cama. Todo un proceso. Así conseguí soltar la muleta, con otro proceso.

Sé que esto suena fácil y hasta milagroso, más aún peliculesco. Aquí tengo que contarte algunas cosas con más profundidad, como por ejemplo cuando me llamaron de la Seguridad Social para ofrecerme que alguien me fuese a peinar, me pareció realmente deprimente. Por un lado, mi ego se movió, por otro, no me parecía justo que la Seguridad Social invirtiera recursos en algo tan nimio. Aunque creo que el sentido de aquel ofrecimiento era la dignidad humana, no pude evitar cuestionarme.

Gestionar el dolor

Dicen por ahí «Al mal que no tiene cura, ponerle la cara dura». Lo llamo apersonarse y reconozco que no es fácil, pero es posible, ya que el ser humano tiene un arsenal interno, un laboratorio con diferentes cubículos que se manifiesta cuando se pone a prueba y funciona como magia; como lo expresé antes, hace la anestesia. Pero es mejor porque eres consciente de tu presencia en tu propio *crecimiento personal* en la guerra contra el dolor.

No se trata de hacerle un culto al dolor, en mi caso habita la niña que se ilusionaba por el deseo infinito de alcanzar la copa del árbol y la joven recién operada de poliomielitis a quien la sola visita de mi novio le calmaba el dolor producido por la asimilación de la platina además de la herida metida en el yeso. Es indiscutible, el dolor físico tiene cura con un tipo de analgésico, anestésico que va ligado al bienestar emocional. Puedo decir que la alegría por aquella visita era mi anestesia, pues el dolor volvía cuando él se despedía.

Esas características de las curas momentáneas confunden a nuestro entorno. A mi doctora de cabecera en Madrid, por ejemplo, le parecieron sospechosas mis risas cuando le relaté por teléfono mi dolor en la rodilla.

Puedes transformar una gran parte de esas premisas negativas y convertirlas en un valor muy positivo. Recordé a Coelho en *El alquimista*. El tesoro estaba en el inicio. Me enfoqué en revivir a la niña que intentaba subir a lo alto. Lo mejor era automedicarse sesiones de «Puedo, puedo, puedo». Te repito: ese «puedo» que todos llevamos dentro. Para que ese «puedo» se convierta en una premisa positiva-verdadera debe haber un porqué, una meta, una ilusión y una acción conjunta. Si no elegimos el dolor por gusto, al menos demos la batalla para mantenerlo a raya. También es verdad que no soy nadie para sentir lo que tú sientes en tu cuerpo. Nadie, por más criterio médico que tenga, puede sentirlo.

Superación del dolor físico. Metacognición

La metacognición es el camino más certero en la lucha contra el dolor crónico, exige «…una participación activa de los sujetos, cuyo eje básico lo constituyen: la reflexividad, la autoconciencia y el autocontrol». Dicho en pocas palabras, la metacognición nos hace conscientes de nuestros pensamientos y la manera en que *gestionamos nuestros problemas*. Y el dolor físico, cuando se vuelve crónico, es de difícil manejo clínico y nos presenta retos que pueden ser superados si echamos mano de diferentes tratados. Mi propia experiencia me ha enseñado que enfrentarse a estados depresivos puede ser más complejo en la superación que las propias dolencias físicas. Y es que las dolencias físicas traen implícita una carga emocional tan fuerte, que te derriban hasta el punto de dejarte sin aliento. Lo que pretendo decirte es que, para poder soportar el dolor físico, debes tener una gran fuerza mental y emocional a prueba, y que superarla es sacar algo potente que está dentro. Una fuerza de resistencia donde tú eres el único gestor y estás obligada/o a conocer y aprender de tu interno, no solo con los dolores, a estos hay que enfrentarlos con tus talentos escondidos, y saldrán de manera natural cuando explores en ti, en los poderes ocultos que tienes; sucederá cuando ninguna droga, ni medicina, ni pócima te haga efecto; pero, sobre todo, cuando tú invoques esa fuerza curadora con todo tu ser, la calma se hará en ti y a pesar de tu circunstancia vas a saborear la palabra felicidad. Nadie más que tú sabe cómo.

Pensar para sí mismo, esa es la clave

Amigo lector, antes de cerrar este libro te invito a interiorizar su contenido una vez más. Como seres vivos pensantes tenemos la conciencia del bienestar y lo procuramos. En *15 miradas al desarrollo personal* este equipo hemos expuesto algunas herramientas para sentir el bienestar humano. Podría considerarse que el dolor físico se puede superar solo de manera clínica, sin embargo, vale la pena que revises en tu patrimonio interno; no es fácil porque con situaciones al límite olvidamos nuestros talentos. Escarba y recupera tu fuerza emocional. Tus talentos son tuyos, ¡sácalos! Reencuéntrate con ellos. En mi caso me ha gustado bailar cuando tengo dolores de artrosis en la cadera, en el fémur; cuando tengo tirones en la columna lo que hago es salirme del sitio cómodo de no hacer nada por mi bienestar. Coloco música, lentamente voy reemplazando la rabia y la autocompasión que yo misma me genero, y me dejo llevar hasta que de un momento a otro sale la bailarina que hay en mí. Es tan agradable observar a mis hijos sonreír. Todas estas claves son importantes y cualquiera de las recomendaciones expuestas en este libro es mucho mejor que evocar la actitud de villana que por un tiempo adopté sin quererlo. Y es que estaba llena de rabia, como si los demás tuvieran la culpa de lo que me sucedía; echaba veneno. Esto es más humano de lo que creemos, pues se nos hace más digno culpar a los demás de nuestros infortunios que hacernos cargo de nosotros mismos.

LIBIA MONTOYA
@El alma en tus manos

Nacida en Colombia en 1962, el mismo año en que se descubriera el papiro Derveni que, a la fecha, es considerado el más viejo del mundo. Buena influencia para la mujer que cree en la vida después de la vida y la transgresión.

Amante de la observación, considera la vida un dualismo que muchas veces divide, otras separa y otras complementa. Es la base para que pueda domar las letras con la imaginación y darles sentido con los dedos. Libia escribe sus inconformidades y las de los demás con la sonrisa de los personajes buenos y con las muecas rabiosas de los personajes colorados. La palabra dos habita en su ser como un dualismo perfecto.

Libia Montoya Orozco y Johanna Almache Montoya mantienen en Facebook: *El alma en tus manos*. Este blog se creó en el año 2016.

CONCLUSIONES

Todo es importante para el desarrollo personal de uno mismo y de su entorno. Vibra alto como recomienda **Linda Monroy**. Escarba en tu parte artística, **Flavia Baldasseroni**. Busca tu desarrollo personal, enfatiza **Nhora Cárdenas** y corrobora **María Eugenia de Lara**, añadiendo la misión de ayuda al prójimo, sin pasar por alto el autocuidado como medicina personal del que nos habla **Mar Sánchez**, que no riñe con la salud emocional que propone **Mariana Teresita Copoború** y que se concatena perfectamente con el viaje al interior de uno mismo para entender y desarrollar la magia de nuestra mente; de ello nos habla **Rosa Codoñer**. La superación personal de **Libia Montoya** que nos acerca al fascinante autoconocimiento según **Ana María Udina**. Y para no evadir algunas realidades, **Emi Negre** nos habla de afrontar el error como método de aprendizaje. En esa misma sintonía, la experiencia nos lleva a crecer; nos dice **Marti Torres**. **Nuria García**, sin embargo, recalca el yoga, nuestra presencia y consciencia en nuestro desarrollo personal. Y cómo no, **Roberto Pizarro** nos recomienda ampliamente la filosofía. Los anteriores preceptos adquieren mayor sentido si se acompañan de las recomendaciones de **Rafael Román** en su libro *Recupera el mando de tu organismo*; y es que, como él dice: «Podemos ser los creadores de nuestras circunstancias». Pero por nada en el mundo hay que perder de vista la importancia de un buen equipo y saberlo aplicar en la familia, en el trabajo, en el deporte, en realidad en todas las facetas de la vida, como propone **Isabel Plà**.